TRES
MESES
EN LA
ESCUELA
DE
la prisión

TRES MESES EN LA ESCUELA DE

la prisión

Estudios sobre Filipenses, Colosenses,
Filemón y Efesios

Justo L. González

ABINGDON PRESS
NASHVILLE

TRES MESES EN LA ESCUELA DE LA PRISIÓN
ESTUDIOS SOBRE FILIPENSES, COLOSENSES, FILEMÓN Y EFESIOS

Derechos de autor © 1997 por Abingdon Press

Library of Congress Cataloging-in-Publication Data

González, Justo L.
  Tres meses en la escuela de la prisión : estudios sobre Filipenses, Colosenses, Filemón y Efesios / Justo L. González.
      p. cm.
  Includes bibliographical references and index.
  ISBN 0-687-02718-7 (alk. paper)
    1. Bible. N.T. Philippians—Devotional literature. 2. Bible.
N.T. Colossians—Devotional literature. 3. Bible. N.T. Philemon-—
Devotional literature. 4. Bible. N.T. Ephesians—Devotional
literature.   I. Title.
  BS2705.4.G66   1997
  227'.06—dc21   97-11169
                                                                     CIP

Leonardo Ferguson, Artista de montaje

PUBLICADO EN LOS ESTADOS UNIDOS DE NORTEAMÉRICA

Índice

Ilustraciones

Introducción

Este libro es una invitación al estudio y a la aventura. Como estudio, requerirá disciplina. Como aventura, le ofrecerá nuevas vistas y nuevos descubrimientos.

Veamos primero lo de la disciplina. Todas las metas importantes en la vida requieren disciplina. Si un joven quiere llegar a ser médico, o una joven quiere ser abogada, desde sus años mozos tendrán que seguir una disciplina de estudio y aprendizaje. Si nos preocupa nuestra salud física, establecemos y tratamos de seguir un régimen de ejercicio y de alimentación. Los atletas que se preparan para las competencias olímpicas se someten a una rígida disciplina por años y años. Y sin embargo, cuando se trata de la vida espiritual, son pocos los cristianos que se someten a una disciplina para desarrollarla y fortalecerla. Por aquello de que hay que «orar sin cesar», no apartamos un tiempo para la oración. Y, porque la Biblia siempre esta ahí, para abrirla y leerla cuando la necesitemos, no establecemos un régimen de estudio. El resultado es que tanto nuestra oración como nuestro conocimiento de la Biblia sufren, de igual manera que sufre el cuerpo cuando en lugar de seguir una dieta ordenada y una disciplina de ejercicio comemos cuando nos parece y hacemos ejercicios esporádicos, sin ton ni son.

Lo primero que se requiere para tener una disciplina de estudio es apartar un tiempo y un lugar. Los estudios que ofrecemos en este libro siguen un ritmo semanal: cada semana habrá seis estudios breves y uno más largo. Si todo su estudio es en privado, usted requerirá al menos media hora diaria para los seis estudios breves, y una hora para el más largo. Piense en su calendario semanal y determine cuál es el mejor tiempo para dedicar al estudio. Aparte ese tiempo, y haga todo lo posible por ser fiel a ese compromiso. Poco a poco, de igual modo que sucede con el ejercicio físico, ese ritmo de estudio irá cobrando importancia para usted hasta llegar al punto que, cuando por alguna razón no pueda seguirlo, le hará falta.

Si, por otra parte, usted participa de un grupo de estudio bíblico, y ese grupo se reunirá una vez por semana, establezca un ritmo tal que los seis estudios más breves caigan en los días en que usted estudia en privado, y el más largo caiga en el día en que el grupo se reúne.

Por otra parte, no se haga ilusiones en cuanto al tiempo apartado para el estudio. La vida siempre tiene sus interrupciones inesperadas, y por tanto son pocas las personas que pueden seguir una disciplina de estudio ininterrumpida. Algún día, tarde o temprano, se le hará imposible estudiar durante el tiempo que usted había apartado. En ese caso, no se desanime. El mismo día, aunque a otra hora, trate de dedicarle al estudio el tiempo que no pudo a la hora prevista.

Casi tan importante como el tiempo es el lugar. En la medida de lo posible, haga su estudio privado siempre en el mismo lugar. De ese modo evitará distracciones. Podrá tener allí su Biblia, su libro de estudio, su cuaderno de meditaciones personales, y cualquier otro recurso que pueda serle útil.

La próxima cosa que es importante al desarrollar una disciplina de estudio bíblico es el método. Hay muchos métodos buenos para el estudio de la Escritura. El que aquí seguiremos consiste en tres pasos fundamentales: *ver*, *juzgar* y *actuar*. Empero antes de entrar a explicar cada uno de estos tres pasos, debemos recalcar dos elementos muy importantes, sin los cuales no puede haber estudio bíblico productivo: la *oración* y la *reflexión*.

Al momento mismo de empezar cada estudio, acérquese a Dios en oración. Pida que el Espíritu Santo esté con usted durante este estudio, ayudándole a entender su Palabra, y que esté con usted después de terminado el estudio, ayudándole a ponerla por obra. Recuerde a cada paso que, aunque esté usted en un lugar apartado, no está solo o sola, sino que Dios está allí con usted. No se trata solamente de usted con su Biblia, sino de usted con su Biblia y con el Espíritu Santo.

Tras unos minutos de oración, dedique unos minutos a la *reflexión*, repasando lo estudiado antes. Sobre todo, recuerde las resoluciones que haya tomado en días anteriores. Lea su cuaderno. Evalúe lo alcanzado, y pídale a Dios fuerzas para seguir adelante.

Siga entonces los tres pasos de *ver*, *juzgar* y *actuar*. Como usted notará, el material que se ofrece para cada estudio está organizado según esos tres pasos. El primero, *ver*, consiste en examinar la situación ante usted. En muchos estudios en que se sigue este método, esa situación es un problema concreto de la iglesia o de la comunidad. En tales casos, *ver* es examinar el problema tal cual es. En el caso de estos estudios bíblicos, *ver* será examinar el texto bíblico mismo. ¿Qué dice? ¿Por qué lo dice? ¿Cuáles son los personajes principales? ¿Qué papel tienen en el texto? ¿Cuál es el contexto de lo que se cuenta o se dice? En esta primera etapa, no nos estaremos preguntando qué significa el texto para nosotros ni qué nos llama a hacer. Sencillamente, trataremos de entender el pasaje bíblico mismo.

El segundo paso, *juzgar*, consiste en analizar lo que hemos visto, ver su por qué, y qué es lo que significa. En el caso de estos estudios bíblicos, *juzgar* consistirá en preguntarnos lo que el texto significa para nosotros. En este paso, nuestras experiencias y nuestra situación concreta tienen un lugar importante. Leemos la Biblia a partir de ellas, y nos preguntamos lo que la Biblia nos dice al respecto. Luego, cuando decimos «juzgar», no queremos decir tanto juzgar el texto bíblico como invitar al texto a que nos ayude a juzgar nuestra vida, nuestra situación, nuestras oportunidades y responsabilidades. ¿Qué nos dice el pasaje que estudiamos sobre la iglesia, sobre nuestra fe, sobre nuestra comunidad? ¿En qué puntos afirma y apoya lo que estamos haciendo y lo que somos? ¿En qué puntos y de qué modos lo cuestiona o lo corrige? ¿Cuál es el llamado del texto a nosotros?

Los dos primeros pasos han de llevar al tercero, *actuar*. Lo que hemos *visto* en el pasaje bíblico, y el modo en que *juzgamos* que ese pasaje se refiere a nuestra realidad, requieren que *actuemos* de algún modo específico. No estudiamos la Biblia por curiosidad, sino para ser más obedientes a la voluntad de Dios. Luego, el proceso queda trunco si nos contentamos con *ver* y *juzgar*. En fin de cuentas, si hemos de ser obedientes tenemos que *actuar*.

Este *actuar* puede tomar muchas formas diversas, que dependen tanto del pasaje como de la situación en que nos encontramos. Por ejemplo, el estudio de un pasaje puede llevarnos a comprometernos más con los pobres y los necesitados de nuestra comunidad; el estudio de otro pasaje puede convencernos de que debemos dar testimonio de nuestra fe a quienes trabajan con nosotros; y el estudio de otro pasaje puede llamarnos a ser más fieles en nuestra asistencia a la iglesia. Además, *actuar* no siempre conlleva una acción física. En algunos casos, *actuar* puede ser orar fervientemente en arrepentimiento y contrición. En otros casos puede ser cambiar de idea respecto a algún prejuicio que teníamos. En unos casos la acción que se requiere puede ser concreta y a breve plazo—por ejemplo, llamar a un hermano a quien hemos ofendido. En otros casos, puede ser una decisión a largo plazo—por ejemplo, emprender una nueva carrera. Pero lo que siempre es cierto es que, si de veras estudiamos la Biblia en espíritu de obediencia y discernimiento, la Palabra que sale de la boca de Dios no volverá vacía, sino que hará aquello para lo cual nos fue enviada (Is. 55:11).

Es importante recordar que no leemos y estudiamos la Biblia solamente para obtener *información*, sino también y sobre todo buscando *formación*. No leemos la Biblia tanto para enterarnos de algo, como para que ese algo les dé forma a nuestras vidas. En este punto vale la pena volver al ejemplo del ejercicio físico. Quien se dedica a él, no levanta unas pesas solamente para ver cuánto puede levantar (para informarse), sino también y sobre todo para fortalecer sus músculos, para ser capaz de levantar cada vez un peso mayor (es decir, para formarse). De igual modo, nuestro propósito debe ser que estos estudios bíblicos no solamente nos provean información, de modo que conozcamos la Biblia mejor, sino que también nos formen, nos hagan más conformes a la voluntad de nuestro Creador.

Esto implica que en cierto modo el método de *ver, juzgar* y *actuar* ha de ser como un círculo, y no como una línea recta. Lo que esto quiere decir es que el *actuar* ha de ampliar nuestro *ver*, de modo que en realidad el método debería describirse como *ver, juzgar, actuar, ver, juzgar, actuar, ver*. Cada estudio bíblico que completemos, cada acción que tomemos, nos capacitará mejor para el próximo estudio. Para entender esto, pensemos en un viajero que se encuentra en un valle. Allí *ve* dónde está el sol, ve un camino que asciende una colina, y ve un bosque frondoso. A base de lo que ve, *juzga* que no debe tratar de atravesar el bosque, sino que debe seguir el camino. Juzga además, por la posición del sol, en qué dirección debe tomar el camino. Entonces *actúa* y empieza a caminar. Pero pronto se encuentra en la colina, donde *ve* nuevas vistas que le ayudan a *juzgar* la dirección que debe seguir, y le invitan a *actuar* de modos que no pudo sospechar mientras estaba en el valle. Luego, el *actuar* le llevó a un modo nuevo de *ver*. Lo mismo sucederá en nuestro estudio bíblico. Según vayamos penetrando en él, nuevas y mayores vistas se irán abriendo a nuestro camino, de modo que no solamente el *ver* y el *juzgar* resultarán en un *actuar* más fiel, sino que también nuestro *actuar* resultará en un *ver* más claro.

¿Qué *recursos* necesitará usted para estos estudios bíblicos? En primer lugar, la Biblia misma. Siempre existirá la tentación, cuando el tiempo apremie y parezca necesario abreviar el estudio, de no leer la Biblia misma, sino contentarse con lo que se dice en nuestro estudio. Esa tentación será mayor cuando se trate de un texto muy conocido. Es importante resistir a esa tentación. El propósito de este libro es ayudarle en su estudio de la Biblia, no servir de sustituto para ella. En los estudios que siguen, hemos utilizado la versión comúnmente conocida como la Antigua Versión de Reina-Valera, Revisión de 1960. Por lo tanto le será más fácil seguir nuestros comentarios si usa la misma versión. Algunas personas preferirán tener una Biblia de letra grande y amplios márgenes, donde puedan hacer anotaciones y comentarios. Eso es cuestión de su preferencia.

En segundo lugar, utilice este libro. Trate de ceñirse al ritmo de estudios que se sugiere, leyendo y estudiando cada pasaje en el día sugerido. La vida contemporánea se lleva siempre a ritmo acelerado. En lugar de hornear una carne por cinco horas, la colocamos en el microondas por treinta minutos. Y a veces queremos hacer lo mismo con nuestra vida espiritual. Si nos hace bien seguir uno de estos estudios bíblicos al día, ¿por qué no hacerlos todos de una vez? Aquí conviene volver sobre el ejemplo del ejercicio físico. Si alguien trata de hacer todo el ejercicio de un mes en un día, no obtendrá el resultado apetecido, sino todo lo contrario. De igual modo, si lo que deseamos es que la Biblia nos forme, que alimente y fortalezca nuestra vida espiritual, es necesario establecer y seguir un ritmo que podamos sostener a largo plazo.

En tercer lugar, necesitará usted un cuaderno donde anotar sus reflexiones, resoluciones y experiencias. Escriba en él, no sólo lo que se le sugiere en algunos de los estudios que siguen, sino todo cuanto le parezca pertinente. Anote allí algún tema que le pareció interesante, y que querrá estudiar algún día. Anote sus respuestas a las preguntas que se plantean en este libro. Anote sus resoluciones, sus dudas, sus logros, sus fracasos. Utilícelo al principio de cada sesión de estudio, en el período de *reflexión*, para ayudarle a recordar lo que ha ido aprendiendo y pensando a lo largo de sus estudios en este libro.

Asegúrese de tener siempre a la mano, al momento de comenzar cada período de estudio, todos estos recursos: su Biblia, este libro, su cuaderno de reflexiones, y un lápiz o pluma para hacer sus anotaciones.

Hemos tratado de escribir los estudios que siguen de tal modo que no sean necesarios otros recursos. Pero si usted desea hacer un estudio más a fondo de las epístolas escritas desde la prisión, le sugerimos los siguientes recursos: (1) varias versiones de la Biblia, para compararlas; (2) uno o más comentarios sobre esas epístolas; (3) un Diccionario de la Biblia; (4) un atlas bíblico. Estos recursos pueden serle particularmente útiles si el séptimo estudio de cada semana se hará en grupo, y usted es la persona responsable de dirigir ese estudio.

Por último, no olvide dos recursos que son indispensables para todo buen estudio bíblico. El primero es su propia experiencia. A veces nos han dicho que al estudiar la Biblia debemos dejar todas nuestras preocupaciones detrás. Nada más lejos de la verdad. Lo cierto es que la Biblia ha de responder a nuestras preocupaciones, y que nuestra experiencia y nuestra situación en la vida nos ayudan a entender la Biblia.

El segundo recurso es la comunidad de fe. Dijimos más arriba que al estudiar la Biblia usted no está sola o solo, sino que el Espíritu Santo también está allí. Ahora debemos añadir que en cierto sentido es importante que también su comunidad de fe esté allí. Casi todas las epístolas que vamos a estudiar durante estos tres meses fueron escritas para ser leídas en voz alta, en la iglesia. Luego, cuando usted las lee, aunque sea a solas, tenga en mente a toda esa comunidad de fe que le rodea y le apoya. Léalas, no sólo como Palabra de Dios para usted, sino también como Palabra de Dios para la iglesia. Ésta es una de las razones por las que, una vez cada semana, hemos incluido un estudio algo más largo que puede hacerse en grupo: para estimular a nuestros lectores a utilizar este material en grupos de estudio. Tales grupos pueden reunirse una vez por semana; pero además durante los otros seis días sus miembros sabrán que los demás están estudiando el mismo pasaje bíblico.

Decíamos al principio de esta «Introducción» que este libro es también una invitación a la aventura. Sobre esto, es mejor no decir más. Las aventuras son tanto mejores cuanto más inesperadas y sorprendentes. Láncese entonces, estimado lector o lectora, al estudio de Hechos, sabiendo que ese estudio le traerá sorpresas; pero sabiendo sobre todo que, aun en esas sorpresas, ¡ya Dios está allí antes que usted, esperándole con los brazos abiertos!

Las epístolas desde la prisión

Las epístolas que vamos a estudiar durante estos tres meses reciben el nombre colectivo de «epístolas desde la prisión». Se les da ese nombre, porque en ellas el autor nos da a entender (a veces explícitamente) que está escribiendo desde la cárcel. Tradicionalmente se ha dado por sentado que Pablo estaba preso en Roma cuando las escribió (o dictó), y que fueron escritas durante los dos años que Hechos nos dice que el apóstol pasó en la capital imperial. Algunos eruditos han sugerido que fueron escritas durante el encarcelamiento de Pablo en Cesarea (Hechos 23:23–26:32), o quizá durante un encarcelamiento en Éfeso del cual no hay otras noticias. Aunque todo esto es muy interesante, en realidad tiene poco impacto sobre el mensaje de las epístolas. Sea que fueran escritas desde Roma, desde Cesarea o desde Éfeso, en fin de cuentas lo que dicen es lo mismo. Por ello, en estos estudios no nos enfrascaremos en la debatida cuestión de dónde estaba preso Pablo al escribir estas cartas. (Ni tampoco en lo que algunos eruditos sugieren, que Efesios fue escrita, no por Pablo, sino por alguno de sus discípulos o seguidores. Los argumentos que se aducen para negar la paternidad paulina de Efesios no nos parecen totalmente convincentes.)

Lo que sí es importante recordar al leer estas cartas es que, fuera en Roma o en Cesarea, el hecho es que Pablo estaba preso. Su futuro era incierto. Desde el punto de vista humano, ese futuro estaba en manos de autoridades que no tenían la menor simpatía hacia Pablo o hacia su predicación. Y sin embargo, el espíritu que permea todas estas cartas no es espíritu de duelo o de temor, sino de gozo y de victoria. Una y otra vez veremos a Pablo gozándose, no porque está preso, pero sí a pesar de estar preso. La fe le ayuda a sobreponerse a las dificultades más graves, y a las amenazas más serias. Si sólo eso aprendiéramos de nuestro estudio de estas epístolas, ¡ya ello bien valdría la pena!

Al igual que en otros libros de esta serie, parte de lo que se incluye aquí es adaptación de materiales publicados anteriormente en *Lecciones Cristianas* © Graded Press y Cokesbury. Usado con permiso.

Primera semana

Primer día   *Lea* Filipenses 1:1-2

VEA: Las tres primeras palabras de esta epístola pueden sorprendernos. El título de la carta dice que es de «Pablo a los filipenses». Pero ahora la carta misma empieza diciendo que es de «Pablo y Timoteo». Al leer el resto de la epístola, verá usted que toda ella está escrita en singular, como escrita por una sola persona. Repetidamente, Pablo dice «yo», y queda claro que es él quien habla. Pero aquí empieza uniendo su nombre al de Timoteo.

La razón por la que Pablo hace esto está clara: Timoteo había tenido estrechas relaciones con la iglesia de Filipos, y Pablo esperaba que esas relaciones continuaran y se fortalecieran. Además, posiblemente quería darle mayor autoridad a su joven colaborador. Por eso, en lugar de decir sencillamente que Timoteo envía saludos, une los dos nombres, indicando así que los dos son de un mismo pensar, y que en cierto modo Timoteo comparte su autoridad.

Por otra parte, también es significativo el hecho de que aquí Pablo no reclama para sí el título de «apóstol». Sencillamente dice que tanto él como Timoteo son «siervos de Jesucristo». Más adelante, la epístola hablará sobre la humildad y el compartir que debe existir entre cristianos. Pero ya aquí empieza dando ejemplo de esa humildad y de ese compartir. (Note, sin embargo, que en Gálatas 1:1, al escribir a una iglesia donde tenía necesidad de hacer valer su autoridad, Pablo no tiene reparo en afirmar que es «apóstol (no de hombres ni por hombre, sino por Jesucristo y por Dios el Padre que lo resucitó de los muertos».)

JUZGUE: En muchas de nuestras iglesias hay conflictos frecuentes por cuestiones de autoridad y de títulos. Un hermano se molesta porque otro no respetó su autoridad, o porque no le llamó «reverendo», o «doctor», o «licenciado». Una hermana mayor se molesta porque otras más jóvenes empiezan a ocupar posiciones de liderato. Un maestro de adultos, que es celoso de su posición, se siente ofendido cuando otra persona en la clase muestra que también tiene aptitudes para ser maestro.

¿Qué cree usted que sucedería en tales ocasiones si siguiéramos el ejemplo de Pablo? Ese ejemplo nos llevaría en dos direcciones: Primera, darnos cuenta de que, a pesar de cualquier otro título o distinción que podamos tener, no hay otro mayor ni más importante que el de ser «siervos de Jesucristo». Segunda, quienes tenemos alguna autoridad, compartirla con quienes no la tienen (o mejor dicho, con quienes la tienen, pero no se les reconoce tanto como la nuestra). Esto quiere decir que los mayores han de darles lugar junto a ellos a los más jóvenes, y los pastores y pastoras al laicado.

ACTÚE: Posiblemente, puesto que usted está dedicando un tiempo y una disciplina al estudio bíblico, es miembro respetado o respetada de su iglesia. Piense en los diversos modos en que ese respeto se manifiesta (por ejemplo, le invitan a orar en las reuniones, le piden su opinión, mencionan desde el púlpito algo que usted ha hecho).

Piense ahora en algunas otras personas en su congregación a quienes se debería otorgar el mismo respeto, pero no se hace. Piense sobre todo en lo que usted puede hacer para compartir la autoridad que se le da, para que cuando se mencione algo que usted ha hecho se les dé crédito también a otras personas; en fin, para seguir el ejemplo de Pablo al empezar su carta «Pablo y Timoteo».

Anote sus reflexiones, y sobre todo lo que ha decidido hacer. Dentro de unos días vuelva sobre esta página en su cuaderno, para ver qué tal ha cumplido su resolución.

Segundo día *Lea* Filipenses 1:3-4

VEA: El versículo 3 empieza con un verbo característico de toda esta epístola: dar gracias. El segundo tema dominante de la epístola aparece en el versículo 4: el gozo. Según vayamos estudiando toda la carta, veremos que repetidamente se habla en ella de gratitud y de gozo (y que muchas veces, aun cuando no se trata explícitamente de esos dos temas, siguen dominando sin embargo todo el tono y el mensaje de la carta).

Note, por otra parte, que aquí Pablo da gracias por los filipenses. Una de las razones que le dan a esta epístola ese tono de gratitud y de gozo es la estrecha comunión que existe entre Pablo y los destinatarios de la carta. Pablo da gracias por ellos.

Al mismo tiempo, Pablo también ruega por ellos. Su relación con los filipenses no se limita a los buenos sentimientos mutuos, sino que incluye la oración por estas personas distantes que son sin embargo sus hermanos y hermanas en la fe.

Y Pablo ruega «con gozo». En otras ocasiones será necesario rogar con angustia y hasta con lágrimas. Pero aquí Pablo puede rogar con gozo, porque los filipenses, y lo que Dios ha hecho en ellos y a través de ellos, le produce gozo.

JUZGUE: Muchas veces decimos, y es cierto, que el gozo cristiano se basa en la fe, en el hecho de que sabemos que ya en Jesucristo hemos ganado la batalla. Pero hay también otras razones de gozo en la vida cristiana. Una de ellas es la comunión de quienes verdaderamente son hermanos y hermanas en la fe. En la prisión, Pablo puede dar gracias y rogar con gozo, no porque la prisión sea fácil, sino porque su gozo y su gratitud se nutren del amor que le une con los filipenses.

Hay quien cree que el evangelio es únicamente cuestión de vida personal, de relación privada con Dios, de tener fe. Pero lo cierto es que la vida cristiana también es cuestión de comunidad, de una familia que se apoya mutuamente, de modo que podemos dar gracias los unos por los otros, y rogar con gozo los unos por los otros.

Tristemente, muchas veces lo que se experimenta en nuestras iglesias es muy distinto. Hay miembros de la iglesia cuya «consagración» parece ejemplar, pero que están enemistados con otros miembros. La hermana Fulana no se lleva con la hermana Mengana. El hermano Sutano habla mal del hermano Esperancejo. Un bando apoya al pastor. Otro trata de hacerle la vida imposible. Y todos nos creemos más santos que los demás, como si tales enemistades y rencillas no fueran sino un deporte o pasatiempo.

En tales casos, el precio es elevadísimo. Perdemos ese gozo de que habla Pablo. Ya no podemos dar gracias los unos por los otros. Ahora, si rogamos por otras personas, hasta lo hacemos con amargura, y no con el gozo de que también habla Pablo. ¡Y luego nos maravillamos de que el mundo no cree!

ACTÚE: En su cuaderno de reflexiones, donde nadie más que usted lo leerá, haga una lista de aquellas personas en la iglesia (y en otras iglesias de la comunidad) con quienes usted «no se lleva». Junto al nombre de cada una de esas personas, anote alguna buena característica que esa persona tenga. Si no encuentra algo bueno que decir de alguien, siga pensando hasta que lo encuentre. Entonces ore por cada una de esas personas, dando gracias por esas buenas características. Hágase el propósito de hacer todo lo que esté a su alcance para lograr una reconciliación.

En los días venideros, cada vez que alcance esa reconciliación, vaya tachando o borrando el nombre de esa persona. No descanse hasta haber borrado todos los nombres.

Tercer día   *Lea* Filipenses 1:5-7

VEA: Pablo da gracias especialmente por la «comunión» de los filipenses en el evangelio. La palabra que aquí se traduce por «comunión» (*koinonía*) no quiere decir únicamente fraternidad o compañerismo, sino también compartimiento. En vista de que los filipenses habían compartido de lo suyo con Pablo, parece que el apóstol está dando gracias, no sólo por la «comunión» con los filipenses, sino también por el espíritu de compartir que esos cristianos han mostrado. Es por eso que dice que los filipenses han tenido esa «comunión», o ese compartir, «desde el primer día hasta ahora». Recuerde que cuando Pablo y sus compañeros visitaron la ciudad de Filipos por primera vez, fue allí que Lidia les «obligó» a quedarse en su casa (Hechos 16:15). Por lo general, Pablo evitaba recibir de sus iglesias ayuda económica para sí mismo. Pero «desde el primer día», como dice el texto que estudiamos hoy, los filipenses fueron la excepción. Más adelante veremos por qué Pablo dice que esto ha continuado «hasta hoy».

Un detalle que no se nota en el texto traducido al español es que la palabra que en el versículo 7 se traduce como «participantes» viene de la misma raíz que «comunión» (*koinonía*). Los filipenses son «participantes» con Pablo en la gracia en parte porque le hacen «participar» a él de sus bienes materiales.

Pablo da gracias no sólo por lo que los filipenses son y han hecho, sino por lo que han de ser, pues «el que comenzó en vosotros la buena obra, la perfeccionará hasta el día de Jesucristo» (1:6).

JUZGUE: En la iglesia hablamos mucho de «fraternidad», de «compañerismo» y de «amor». Todo esto es muy importante. Pero si se queda en hablar, o si se limita a los sentimientos y no alcanza a los bienes y recursos con que contamos, pronto pierde su fuerza, y llega hasta a volverse superficial. Es por eso que un antiguo escritor cristiano dijo: «Si compartimos en los bienes eternos, ¿cómo no hemos de compartir en los perecederos?»

En otras palabras, que es muy fácil decir que somos hermanos y hermanas en la fe, y que todos participamos de la esperanza común del Reino venidero; pero si no estamos dispuestos a compartir en lo que ahora tenemos a la mano—el dinero, el tiempo, o cualquier otro recurso—es difícil creer que en verdad somos hermanos y participamos de la misma esperanza.

▶ ¿Qué señales ve usted en su iglesia de ese compartir de que habla Pablo?

▶ ¿Qué señales ve de que ese compartir no es lo que debiera ser?

ACTÚE: Piense en el modo en que usted ha gastado su dinero durante el mes pasado. Si tiene una cuenta de banco, saque su chequera y vea la lista de los cheques que ha escrito. En una hoja de su cuaderno de reflexiones, haga dos columnas, cada una con un encabezado: (1) *Para mí y para mi familia*; (2) *Para otras personas*. Bajo cada encabezado, vaya poniendo la cantidad que ha gastado. Por ejemplo, si pagó el alquiler, ponga esa cantidad bajo la primera columna. Si contribuyó a la iglesia o a una causa caritativa, ponga esa cantidad en la segunda columna. Al terminar, sume cada columna. Pregúntese si la proporción entre esas dos columnas es correcta, y si refleja su compromiso cristiano. Ore al respecto. Si llega al convencimiento de que debe aumentar lo que aparece en la segunda columna, haga planes concretos al respecto. Compártalos y discútalos con su familia. Oren todos sobre ello. Anote sus resoluciones.

Cuarto día   *Lea* Filipenses 1:8-11

VEA: Pablo les dice ahora a los filipenses qué es lo que pide por ellos. Y lo que pide es que su amor «abunde aun más y más en ciencia y en todo conocimiento».

Note que aquí el amor no es sólo cuestión del corazón y de las emociones, sino también del intelecto. Para entender a cabalidad lo que es amor en la Biblia, hay que tener en cuenta que no se trata sólo de una emoción. Se trata también de saber y conocer. Sólo de ese modo es posible «aprobar lo mejor» (v. 10). Sin el conocimiento, el amor puede muy bien aprobar lo que no debe. Por tanto, Pablo no pide sólo que los filipenses amen, sino que amen con ciencia y conocimiento, para que su amor vaya dirigido hacia donde debe. Es ese amor, dirigido por la ciencia y el conocimiento, lo que lleva a la verdadera sinceridad, y a ser aprobados por el Señor. Es decir, con el amor como sentimiento o emoción no basta. El amor debe ir acompañado de ciencia y conocimiento para ser verdadero amor cristiano.

JUZGUE: En nuestros días y nuestra sociedad se habla mucho del amor. Pero por «amor» se entiende únicamente una emoción, un sentimiento que nos arrastra. Y es cierto que el amor tiene mucho de eso. Pero el amor sin conocimiento ni ciencia, el amor que se deja llevar por lo falso, no es necesariamente una virtud.

Decir que amamos a Dios, pero negarnos a estudiar asiduamente las cosas de Dios, es no ser sinceros. Decir que amamos a nuestros prójimos, pero negarnos a hacer un esfuerzo para entender por qué nuestro prójimo vive como vive, tampoco es ser sinceros. El verdadero amor se esfuerza por entender, para poder actuar mejor —o, como dice Pablo, para dar «frutos de justicia». Si, por ejemplo, decimos que amamos a los necesitados, tenemos la obligación de que nuestro amor abunde cada vez más en un entendimiento de por qué esas personas están necesitadas.

En la iglesia se habla mucho del amor. Pero, ¿qué hacemos para asegurarnos de que nuestro amor vaya acompañado de «ciencia y conocimiento»? Cuando hablamos de amor a la comunidad en torno a la iglesia, ¿nos tomamos el tiempo para estudiar y entender cómo es que esa comunidad funciona? ¿Qué fuerzas o intereses dominan su vida? ¿Cuáles son sus problemas más profundos? Sin ese conocimiento, nuestro amor hacia la comunidad no pasa de sentimentalismos que pocas veces tienen verdadero efecto.

ACTÚE: Trate de pensar en algo que usted y/o su iglesia deban saber para que su amor sea más efectivo. (Por ejemplo, si se trata del amor hacia su comunidad, qué les es necesario saber acerca de ella; si se trata del amor hacia sus hijos, qué debe usted saber para ser mejor padre o madre; si se trata del amor a Dios, qué estudios o conocimientos pueden ayudarle en ese amor.) Resuelva que va a buscar modos de aumentar su conocimiento para que su amor sea más real y más efectivo. Resuelva que va a usar estos tres meses de estudio para que, al ampliar y profundizar su conocimiento de la Biblia, también se profundice y aumente su amor a Dios.

Quinto día   *Lea* Filipenses 1:12-14

VEA: Pablo indica que el mal mismo que le ha venido encima, sus prisiones, ha resultado para bien. No es cuestión de que, por obra de Dios, las prisiones se le hayan abierto. Es cuestión de que las prisiones de Pablo han fortalecido su testimonio.

Esto incluye al «pretorio» (v. 13). Aunque algunos eruditos interpretan este término de otro modo, la mayoría piensa que es indicio de que Pablo estaba preso en Roma, donde tenía su cuartel la guardia pretoriana (guardia especial del emperador).

Pero esas mismas prisiones han fortalecido además el testimonio de otros creyentes, que ahora se atreven a hablar sin temor. Note que hablan sin temor, no porque Pablo esté libre, sino porque en medio de su encarcelamiento les ha mostrado lo que es el verdadero testimonio.

JUZGUE: Hay quien piensa o predica que cuando uno es cristiano todos los problemas se le resuelven. El cristiano tendrá éxito en todo lo que emprenda, se nos dice; y si está enfermo, todo lo que tiene que hacer es orar con fe, y sanará. Para probarnos que esto es así, se nos habla de los muchos milagros en la Biblia en los que Dios resolvió problemas. Por ejemplo, cuando Pedro estaba preso, vino un ángel y lo liberó. Hay muchos milagros de sanidad en la Biblia.

Lo que olvidan tales «evangelistas del éxito» es que en la Biblia Dios no siempre les resuelve los problemas a sus fieles. Pablo está preso, y Dios no lo libera—al menos, no lo ha liberado al escribir esta carta. Pero esto no quiere decir que Pablo tenga menos fe que Pedro cuando fue liberado. Lo que es más, Pedro no estaba orando, sino dormido, cuando el ángel vino a liberarlo (Hechos 12:6-7).

ACTÚE: ¿Cuáles son sus mayores sufrimientos, sus peores causas de angustia y ansiedad, las preocupaciones que no le dejan dormir por la noche? Haga una lista de todo eso en su cuaderno.

Entonces recuerde que lo que el evangelio nos dice no es que todo esto no sea importante. Todo eso es muy importante. Pero en Cristo tenemos fuerzas para enfrentarnos a todo ello con gozo y acción de gracias, como Pablo.

Sexto día   *Lea* Filipenses 1:15-18

VEA: Pablo no se hace ilusiones acerca de las razones por las que diversas personas predican el evangelio. Al parecer le habían llegado noticias de que algunos habían recibido un nuevo impulso para testificar de Cristo al ver a Pablo preso. Pero otros parece que aprovechaban la ocasión para tratar de desautorizar a Pablo, predicando y creando comunidades cristianas aparte de las que Pablo mismo había fundado y que todavía seguían sus directrices.

Hubiera sido muy natural que Pablo se molestara ante la predicación de tales personas, hecha no por amor, sino por contienda, y hasta aparentemente con el propósito de «añadir aflicción» a las prisiones de Pablo. Pero tal no es la respuesta de Pablo. Al contrario, dice que se alegra de que, por una razón o por otra, Cristo es predicado.

JUZGUE: ¿Conoce usted situaciones en la vida de su iglesia en las que la cuestión del control parece ser más importante que la misión misma de la iglesia? ¿Se toman a veces decisiones, no a base de lo que es mejor para la iglesia o para la comunidad, sino más bien a base de quién propone un proyecto, quién lo va a manejar?

Piense en su propia actitud y sus reacciones a lo que se sugiere o se hace en la iglesia. Cuando alguien propone algo, ¿piensa usted ante todo en si lo que se propone es lo que se debe hacer, o piensa más bien en la persona que lo propone, si es joven o mayor, si se cuenta entre sus amistades o no?

Cuando se hace algo bueno en la iglesia, o cuando se escucha el testimonio de la iglesia en la comunidad, ¿se alegra usted sin importarle quién recibe el crédito por lo sucedido?

Si es una iglesia de otra denominación la que hace algo de valor en la comunidad, ¿se alegran usted y su iglesia como si fuera obra de su misma congregación? ¿O más bien tratan de encontrarle defecto a lo que esa otra iglesia está haciendo, y criticarlo?

ACTÚE: Decida que a partir de este momento, cuando se trate de juzgar una propuesta o una acción, no lo hará a base de quién es la persona que sugiere la propuesta o que toma la acción, sino más bien a base de la propuesta o de la acción misma. Si alguien propone algo, y usted ha tenido conflictos con él o ella, usted hará todo lo que pueda por evitar que esos conflictos determinen su actitud.

Ore: Ayúdame, Señor, a ver la obra de tus manos, aunque la hagas por medio de otras manos que las mías, o hasta de manos que no me gusten. Amén.

Repita la oración hasta que venga a ser el anhelo de su corazón. Escríbala en su cuaderno de reflexiones, y vuelva sobre ella tantas veces como sea necesario.

Séptimo día   *Lea* Filipenses 1:19-30

VEA: El versículo 19 parece dar a entender que Pablo espera que, gracias a las oraciones de los cristianos y por obra del Espíritu, será libertado de la prisión. Pero si seguimos leyendo veremos que por «mi liberación» Pablo no quiere decir necesariamente que saldrá libre de sus cadenas. En el versículo 20, Pablo afirma que Cristo será magnificado en su cuerpo «o por vida o por muerte». Es decir, que Pablo será «liberado», sea que se le abran las puertas de la prisión, o sea que se le dé muerte. Su liberación, de la que está seguro, no depende de que quede físicamente libre o no.

Es dentro de ese contexto que hay que entender el famoso versículo: «Porque para mí el vivir es Cristo, y el morir es ganancia» (v. 21). Si los carceleros (o más bien, el imperio que ellos representan) le dan muerte, Pablo tendrá eso por ganancia. Será ganancia porque aun en la muerte física tendrá a Cristo, y para él «el vivir es Cristo». Luego, no se trata de una seguridad de que todo va a salir bien, sino más bien de una seguridad de que, sea en la vida o en la muerte, Cristo será glorificado y Pablo vivirá en Cristo.

Los versículos 22 al 24 son una explicación del versículo 21, y nos ofrecen un atisbo del modo en que Pablo se enfrenta a sus prisiones y su posible muerte. Lo que le preocupa de ello no es la muerte misma, ni sus sufrimientos, sino el hecho de que no podrá continuar su ministerio entre los filipenses. Si no fuera por eso, estaría pronto a morir «y estar con Cristo». Es por eso, porque su ministerio no ha terminado, que espera ser liberado físicamente, como afirma en los versículos 24 y 25. Pero aun así, no se trata de una certeza absoluta, pues en el versículo 27 afirma que lo que dice ha de ser válido «sea que vaya a veros» (es decir, que quede libre de la prisión), «o que esté ausente» (es decir, que continúe preso o que sea ejecutado).

En los versículos 27 y siguientes llegamos a lo que Pablo espera para sí y para los filipenses. Su gran esperanza no es que un ángel venga y le abra las puertas de la cárcel (aunque Pablo sabría cómo Pedro fue librado en circunstancias semejantes, y recordaría su propia experiencia en la cárcel de Filipos). La gran esperanza de Pablo es que los filipenses lleven una vida digna del evangelio de Cristo. Lo que desea no es que estén libres de problemas y conflictos, sino que combatan unánimes y «en nada intimidados por los que se oponen» (v. 28). Es decir, que Pablo espera que lo que ha sucedido a su derredor, que los cristianos hablan sin temor porque le han visto firme en su encarcelamiento, suceda también en Filipos.

Por último, el pasaje cierra con unas palabras que deben hacernos pensar: de igual modo que en Pablo se combinan la fe y el sufrimiento, se han de combinar también en los filipenses. Pablo habla del «conflicto» (es decir, la oposición y el sufrimiento) de dos maneras: uno que los filipenses han visto en él, y otro del que ahora oyen. El «conflicto» de que *oyen* es precisamente el encarcelamiento de Pablo. El que han *visto* en él es todo lo que Hechos narra del ministerio de Pablo en Filipos (véase Hechos 16:11-40).

JUZGUE: El pasaje que estamos estudiando se vuelve particularmente interesante si lo leemos teniendo en cuenta lo que Hechos dice acerca del ministerio de Pablo en Filipos. Fue precisamente en Filipos que Pablo estuvo preso, y el poder de Dios se manifestó en un terremoto que resultó en la conversión del carcelero. Los cristianos filipenses repetirían esa historia una y otra vez. Ahora, al saber que Pablo está preso, posiblemente pensarán que va a ser librado una vez más. Quizá haya un terremoto que abra las puertas de la cárcel. O quizá venga un ángel y lo saque de la cárcel, como a Pedro.

Al escribirles a los filipenses desde la prisión, el propio Pablo recordaría aquella noche en la cárcel de Filipos cuando él y Silas cantaban himnos, y el Señor intervino manifestando su poder. Sabría también que los filipenses, al recibir su carta desde la prisión, estarían recordando aquellos acontecimientos y esperando otro milagro semejante.

En la cárcel, Pablo tiene varias opciones. Una de ellas sería la más común y normal: desalentarse y comenzar a dudar de lo que está haciendo. Esto es lo que hacemos muchas veces cuando algo no sale como deseábamos. Otra opción sería pensar que, puesto que él tiene fe y puesto que ya una vez antes el Señor le libró de la cárcel, ciertamente lo va a hacer ahora otra vez. Hay muchos cristianos que piensan que la fe consiste en eso, y que quien no está seguro de que Dios le va a librar de una dificultad, o le va a sanar de una enfermedad, sencillamente no tiene fe.

Pero Pablo no toma ninguna de esas dos opciones. No se desalienta ni desespera, porque sabe que el Señor en quien ha creído (y quien le libró de las cadenas en Filipos) es más poderoso que cualquier cadena o cualquier imperio. Tampoco da por sentado que Dios va a repetir el milagro, y que le va a sacar de la cárcel una vez más. Lo que hace es sencillamente confiarle su vida y su muerte al Señor de la vida y de la muerte. Y es por eso que puede regocijarse aun estando en la cárcel.

Pero hay más. Pablo pone sus propios «conflictos» como modelo o ejemplo de lo que les ha de suceder también a los filipenses. No es solamente Cristo quien triunfó al sufrir en la cruz, o Pablo quien triunfó en sus prisiones. A los cristianos nos toca lo mismo. Y esto no es una maldición, sino un privilegio. Es por eso que el apóstol Pablo dice:

«A vosotros os es concedido a causa de Cristo, no sólo que creáis en él, sino también que padezcáis por él» (1:29).

ACTÚE: Piense en alguna dificultad personal por la que usted esté pasando. (Por ejemplo, una enfermedad, un problema económico o un problema familar.)

Luego, en su cuaderno de reflexiones, escriba la siguiente frase:

«Sea que _____ o que _____, Cristo será magnificado en mí, porque para mí el vivir es Cristo, y el morir es ganancia».

Entonces, llene los espacios con palabras adecuadas (por ejemplo, «sea que sane o que no sane», o «sea que tenga trabajo o que lo pierda»). Lea varias veces lo que ha escrito. Si está solo o sola, léalo en voz alta. Ore pidiéndole al Señor que lo que usted ha escrito sea una realidad en su vida.

PARA EL ESTUDIO EN GRUPO: Pídales de antemano a algunos miembros del grupo que lean la historia de la estadía de Pablo en Filipos, (véase Hechos 16). Al reunirse el grupo, esas personas deberán hacer el papel de cristianos filipenses que recuerdan todo eso y que acaban de recibir esta carta.

✔ ¿Qué pensarán?

Vaya leyendo el pasaje en voz alta, y pidiéndoles a estos filipenses que comenten.

Lo que aparece más arriba bajo «**ACTÚE**» lo puede hacer cada miembro de la clase en privado, o se puede hacer compartiendo las preocupaciones. Pídale a cada cual que haga el ejercicio escrito que se sugiere allí. Entonces, si los miembros del grupo se conocen y tienen confianza entre sí, sería bueno que en esta oportunidad compartieran esas preocupaciones, y que discutieran y comentaran cómo este pasaje bíblico les ayuda a enfrentarse a ellas.

Primer día   *Lea* Filipenses 2:1-2

VEA: En el versículo 1 hay una serie de frases en modo subjuntivo: «si hay alguna consolación en Cristo, si algún consuelo . . . si algún afecto entrañable, si alguna misericordia». Naturalmente, Pablo está dando por sentado que sí hay tales cosas, y que por tanto lo que sigue ha de tomarse por cierto. Cuando alguien dice, por ejemplo, «si mañana sale el sol, iré a verte», está afirmando que de hecho irá. De igual modo, cuando Pablo dice «si hay» con respecto a cosas tenidas por certísimas, está afirmando también todo lo que sigue.

El versículo 2 muestra lo importante que es para Pablo la unidad entre los creyentes. Lo que ha de completar su gozo es esa unidad. Nótese que Pablo insiste en esa unidad cuatro veces: (1) sintiendo lo mismo; (2) teniendo el mismo amor; (3) unánimes; (4) sintiendo una misma cosa.

JUZGUE: En este texto aparece una vez más la palabra «gozo». Pero ahora lo que ha de completar el gozo de Pablo es la unidad entre los filipenses. ¿Ha experimentado usted esto en su propia familia? Cuando hay tensiones y malentendidos, ¿es posible estar completamente gozosos? Para que cada miembro de la familia tenga gozo, es necesario que toda la familia se reconcilie, que se amen entre sí, que se acaben las rencillas.

Lo mismo es cierto de la iglesia. La iglesia ha de ser un lugar de gozo. Ese gozo lo expresamos muchas veces con nuestros cánticos de alabanza, testimonios y oraciones de acción de gracias. Pero lo cierto es que ese gozo no puede estar «completo» (para usar la palabra que Pablo emplea) si hay entre nosotros celos, rencores o rencillas. El gozo nos viene del Señor, pero ese gozo se cumple o completa en el amor mutuo. Sin tal amor, nuestro gozo queda trunco. Por eso es que a través de toda esta epístola Pablo va a insistir sobre la unidad, y que aquí les dice a los filipenses, de cuatro modos distintos, que han de estar unidos: «sintiendo lo mismo, teniendo el mismo amor, unánimes, sintiendo una misma cosa».

▶ ¿Es así que vive su iglesia? Si no, ¿qué puede hacer usted para que alcance esa unidad?

▶ ¿Estará usted contribuyendo a la división y los recelos?

ACTÚE: Piense en alguna persona en la iglesia que le haya ofendido, o de quien usted se haya distanciado por cualquier razón. Hágase el propósito de hacer todo cuanto esté a su alcance para alcanzar la reconciliación. Si le es posible, interrumpa este estudio bíblico para llamar a esa persona por teléfono y conversar con ella. Antes de hacerlo, ore. Y después de hacerlo, vuelva a orar. Anote sus reflexiones, y decida qué pasos ha de dar en el futuro.

Segundo día   *Lea* Filipenses 2:3-4

VEA: En estos dos versículos, Pablo señala al origen de las divisiones y rencillas en la iglesia: hacer las cosas «por contienda o por vanagloria», y mirar «cada uno por lo suyo propio».

En otras palabras, mientras los versículos que estudiamos ayer trataban sobre el lado positivo de la unidad, estos dos versículos tratan sobre el lado negativo, sobre lo que destruye la unidad.

Estas cosas que destruyen la unidad son tres:

✔ Primero, hacer las cosas «por contienda».

✔ Segundo, hacerlas «por vanagloria».

✔ Tercero, mirar «cada uno por lo suyo propio».

JUZGUE: Piense en esos tres puntos, y pregúntese si alguna vez usted ha sido culpable de alguno de ellos. Hacemos las cosas «por contienda», por ejemplo, cuando alguien propone algo y nosotros nos oponemos, no porque la idea sea mala, sino porque no nos gusta la persona que lo propuso. Lo hacemos, según el decir común, «por darle en la cabeza». Éste es uno de los orígenes de las divisiones, pues lo más probable es que cuando se le presente la oportunidad esa otra persona va a hacer lo mismo con nosotros. A la larga tendremos dos o más bandos, cada uno oponiéndose a los demás sin siquiera saber por qué.

Otra tentación común es hacer las cosas «por vanagloria». A veces nos ofrecemos de voluntarios para alguna tarea, no porque creamos que la tarea es importante o porque querramos hacerla, sino para que se nos reconozca. Son muchas las iglesias que se han dividido porque al reconocer la contribución de algunas personas, el pastor se ha olvidado de otras. Si hacemos las cosas por vanagloria, no podremos perdonar el que no se reconozca nuestro trabajo. Y si a alguien se le reconoce más que a nosotros, eso nos provocará a celos. Por ese camino, llegará el momento en que tendremos que pasar todo el tiempo asegurándonos de que cada persona recibe la justa medida de reconocimiento. A la larga, eso es imposible, y terminaremos divididos y recelosos.

Por último, la unidad sufre cuando miramos «cada uno por lo suyo propio». En cualquier comunidad hay siempre intereses en conflicto. Para dar un ejemplo sencillo, suponga que se está discutiendo cuándo un comité de tres personas debe reunirse. A mí el miércoles no me conviene. A María no le conviene el jueves. Pero Pancho solamente puede reunirse el miércoles o el jueves. En tal caso, si yo insisto en que no puede ser el miércoles, y María insiste en que no puede ser el jueves, nunca nos reuniremos. Y si yo insisto en que sea el jueves, aunque las razones de María son mucho más serias que las mías, y una reunión el jueves le cause serias dificultades, no estaré haciendo nada por la unidad de la iglesia ni por el bienestar del comité.

ACTÚE: Escriba en columna, uno encima de otro: *contienda, vanagloria, interés propio.* Piense en las decisiones que se han tomado durante el mes pasado en su familia y en su iglesia, y piense también en lo que usted ha hecho dentro del círculo familiar o entre los hermanos y hermanas de la iglesia. Pregúntese si alguna de esas tres cosas (*contienda, vanagloria* e *interés propio*) describe las razones por las que usted hizo lo que hizo o dijo lo que dijo. Si encuentra alguna, haga una notita junto a esa palabra. Ore pidiendo perdón por lo pasado y guía para el futuro. Trate de pensar en algún modo en que usted pueda deshacer el mal que pueda haber resultado.

Si no encuentra alguna, ore rogándole a Dios que le libre de esas tres tentaciones, y que le llame la atención cuando usted esté a punto de sucumbir ante una de ellas.

Tercer día   *Lea* Filipenses 2:5-11

VEA: Este pasaje es tan importante para entender toda la Epístola a los Filipenses, que le dedicaremos tres días. Lea todo el pasaje, aunque hoy y mañana fijaremos nuestra atención sobre los versículos 5-8, y pasado mañana sobre los versículos 9-11.

El versículo 5 es el centro del pasaje: en él se relaciona la actitud de los cristianos con la de Jesucristo. El sentir que debe haber en nosotros es el mismo que hubo en Cristo Jesús. La razón por la que hemos de ser humildes, y de estimar a las demás personas por encima nuestro, no es un mero consejo de sabiduría común, sino que se basa en el ejemplo de Jesús.

Los versículos 6-11 son un himno. Esto no se ve tan claramente en las traducciones modernas. Pero en el idioma original, el griego, sí se ve que es un himno. No se sabe si Pablo compuso este himno como parte de su carta, o si sencillamente citó un himno que ya circulaba entre los cristianos (como cuando alguien, al exhortar a los cristianos a la acción, dice «firmes y adelante, huestes de la fe, sin temor alguno, que Jesús nos ve»). En todo caso, tenemos aquí la letra de uno de los más antiguos himnos cristianos que se conservan.

El tema del himno está claro: la gloria inicial del Señor, su disposición a despojarse de esa gloria, humillarse y hacerse obediente, y por fin su glorificación. Jesús estuvo dispuesto a despojarse de su gloria y hacerse como un siervo (o como un esclavo, pues en griego la palabra es la misma).

El énfasis en «la muerte, y muerte de cruz» no recae sobre el sufrimiento de la cruz, sino sobre la humillación. La muerte de cruz se reservaba para los peores malhechores. Entre los judíos, el ser «colgado de un madero» era señal de maldición (Gálatas 3:13). Lo que se subraya aquí es la humildad de Jesús, que le llevó a una muerte humillante que desde el punto de vista de las gentes religiosas era prueba de que Dios les había abandonado.

JUZGUE: ¿Por qué cree usted que Pablo introdujo este himno en medio de su carta? ¿Ve usted la relación entre lo que Pablo dice en este himno y lo que viene diciéndoles a los filipenses en los textos que hemos estudiado? El no hacer las cosas por contienda, ni por vanagloria, ni buscando el interés propio, se basa en tener «este sentir que hubo también en Cristo Jesús». Jesús no hizo las cosas por vanagloria o por contienda, sino por amor y obediencia. Ese amor y obediencia le llevaron a una profunda humildad que ha de ser ejemplo y fuente de toda humildad cristiana.

En la iglesia cristiana se habla mucho de «tener a Jesús en el corazón». ¿Cree usted que es posible tener a Jesús en el corazón y actuar por contienda, o por vanagloria, o por el mero interés propio? ¿Qué entiende usted por tener el «sentir que hubo también en Cristo Jesús»?

ACTÚE: Recuerde el coro del himno «Tú dejaste tu trono», No. 88 en *Mil Voces Para Celebrar:* «Ven a mi corazón, ¡oh Cristo! ven, pues en él hay lugar para ti». Haga del coro de este himno su oración. Al invitar a Jesús a morar en su corazón, pídale también que le dé ese sentir que hubo en él, que le libró de vanagloria y de recelos, de tal modo que se hizo obediente hasta la muerte de cruz.

Piense en lo que haya en su vida que le impida cumplir con lo que Pablo les pide a los filipenses, que sientan lo mismo, que tengan el mismo amor, y que no hagan nada por contienda, por vanagloria, o por interés propio. Vaya escribiendo en su cuaderno estas palabras:

«Ven a mi corazón, ¡oh Cristo!» Ven y líbrame de _____ .

Luego, ponga en el espacio en blanco lo que sea que le impida la obediencia absoluta. Escriba esa frase tantas veces como sea necesario para hacer una lista de todo lo que sea obstáculo a su vida cristiana, en amor con las demás personas. Cuando haya terminado de escribir todo esto, repítalo en oración al menos dos o tres veces.

Cuarto día   *Lea* Filipenses 2:5-11

VEA: Como dijimos ayer, le estamos dedicando tres días al estudio de este himno, que es el centro de la epístola. Ayer teminamos en el versículo 8, y hoy continuaremos con esos mismos versículos, para mañana fijar nuestra atención sobre los versículos 9-11. Por tanto, vuelva a leer todo el pasaje.

JUZGUE: No hay cosa que le haga más daño al testimonio cristiano que las divisiones, las contiendas y los «chismes». Desafortunadamente, tales cosas se ven con mucha frecuencia en nuestras iglesias. Alguien se molesta porque trabajó duro preparando un programa y no le dieron las gracias. Otra persona se siente ofendida por algo que dijo el pastor o la pastora. Otra insiste en que las cosas se hagan como ella dice, y si se hacen de otro modo se niega a cooperar. Entretanto, los «chismes» abundan: Unas personas hablan a espaldas de las demás, dando a entender que son mejores cristianos que fulano o mengana. Otras les prestan oídos atentos, quizá porque cuando se les habla de las imperfecciones y los pecados de los demás, se sienten menos culpables por los suyos. El resultado es que la comunidad de los creyentes se divide, y que nuestro testimonio pierde fuerza, pues las gentes que nos ven peleando entre nosotros se preguntan si en realidad hay en el evangelio ese poder que decimos.

Pablo sabe que ese peligro asedia a todo grupo humano, particularmente a la iglesia. Sabe también cuál es la raíz del mal: La raíz está en el orgullo desmesurado. Cuando cada cual quiere que se le preste atención, y que se le diga lo importante que es, el resultado son las «murmuraciones y contiendas».

Para atacar el mal de raíz, Pablo les ofrece a los filipenses (y nos ofrece hoy) nada menos que el ejemplo de Jesucristo. ¿Quién más que él tuvo de qué gloriarse? ¿Quién más que él tuvo derecho a que todos le sirvieran? Pero, en lugar de insistir en su gloria, y en lugar de exigir el servicio de los demás, se despojó de su gloria y vino a ser uno de nosotros. Y mientras estuvo entre nosotros, nos dijo bien claramente que no vino para ser servido, sino para servir.

Si hay en nuestra iglesia divisones, contiendas o chismes, esto es porque no tenemos «el mismo sentir que hubo también en Cristo Jesús».

Luego, la persona que se las da de más santa, y que habla mal de las que son menos santas, en realidad no es tan santa como cree. Y quien se las da de más fiel y trabajador, porque participa en todos los programas, siempre que le den las gracias y anuncien desde el púlpito todo lo que ha hecho, tampoco es tan fiel como cree.

ACTÚE: ¿Cómo se sanan las divisiones en la iglesia? Ciertamente no se sanan echándonos la culpa los unos a los otros, o diciendo, «tú fuiste quien empezaste». Tampoco se sanan echando fuera a los que están en desacuerdo con los líderes. Se sanan imitando el sentir que hubo también en Cristo Jesús: sentir de humildad, de servicio. Como dice Pablo, se sanan «estimando cada uno a los demás como superiores a él mismo» (2:3).

Durante la semana entrante, cada vez que se sienta tentado o tentada a creerse mejor que alguien, o cada vez que piense que ha trabajado más y mejor que los demás, o cada vez que se sienta molesta o molesto porque su trabajo no se agradece ni reconoce, recuerde el «sentir que hubo también en Cristo Jesús».

Quinto día   *Lea* Filipenses 2:5-11

VEA: El himno que venimos estudiando termina con la glorificación de Jesús, a quien Dios «exaltó hasta lo sumo». Lea de nuevo todo el himno, pero fíjese ahora particularmente en los versículos 9-11. Note que la exaltación de Jesús es total. Fíjese especialmente en cuántas veces aparece la palabra *todo* o *toda*, tales como *todo* nombre, *toda* rodilla y *toda* lengua. Lo que esto quiere decir es que no hay cosa alguna que quede fuera del dominio de Jesús. El que se humilló hasta la muerte, y muerte de cruz, tiene ahora tal poder y tal gloria, que su nombre está por encima de *todo* nombre, de tal modo que *toda* rodilla se ha de doblegar ante él, y *toda* lengua ha de confesar que él es el Señor. Nada queda excluido. No hay cosa alguna que quede libre del dominio de Jesucristo.

Si hay quien se rebela y se niega a aceptarle, tal persona sencillamente se está negando a aceptar lo que es un hecho. Si hay ámbitos de la vida política, económica y social que todavía no se sujetan a su señorío, Pablo sabe y proclama que a la postre todas esas esferas de la realidad también le estarán sujetas cuando «en el nombre de Jesús se doble toda rodilla de los que están en los cielos, y en la tierra, y debajo de la tierra» (2:11).

JUZGUE: En la primera parte del himno Pablo se refiere al sufrimiento, la obediencia y la humildad de Jesús. Ahora pasa a otro tema al parecer opuesto: el señorío universal de Jesús.

◗ ¿Por qué cree usted que esta fe en el señorío absoluto y universal de Jesucristo es importante para el mensaje de Pablo?

Para responder a esa pregunta, imagine lo contrario. Imagine que Pablo creyese que Jesús es Señor sólo de unas cosas, y no de otras.

Por ejemplo, que no es Señor por encima del Imperio que le ha encarcelado. Imagine que Pablo dude que la última palabra sea del Señor, y no del Imperio Romano. En ese caso, ¿le será posible sostener el gozo y la fe en medio de la prisión?

- ¿No sucederá lo mismo con el resto de los creyentes?

- ¿No será que cuando pensamos que nos falta el gozo lo que en realidad nos falta es fe?

- ¿Que no podemos gozarnos en medio de las tribulaciones porque dudamos que la última palabra sea del Señor?

ACTÚE: Piense en lo que más temor le cause (por ejemplo, la muerte, la enfermedad o el desempleo). Recuerde las palabras de Jesús: «Toda potestad me es dada en el cielo y en la tierra» (Mt. 28:18). Entonces ore lo siguiente:

«Señor, tú sabes que le temo a _____. Pero hasta sobre eso tú eres el Señor. Dame la fe necesaria para confiar en ti, y así gozarme y servirte en todas las cosas.»

Repita esa oración, o una parecida, cada vez que el temor amenace con eclipsar su gozo.

Sexto día   *Lea* Filipenses 2:12-18

VEA: Note que el pasaje empieza hablando de la obediencia, y recuerde que en el himno que acabamos de estudiar lo que se recalca es que Jesús fue «obediente hasta la muerte, y muerte de cruz». Luego, Pablo continúa refiriéndose al himno, y presentando a Jesús como el ejemplo que hemos de seguir. Jesús es ejemplo de obediencia. Como resultado de esa obediencia, todo ha de hacerse «sin murmuraciones y contiendas» (recuerde lo que estudiamos el segundo día de esta semana).

Cuando las cosas se hacen en tal obediencia, quienes así actúan son «irreprensibles y sencillos, hijos de Dios sin mancha». El resultado es que tales personas resplandecen «como luminares en el mundo». En base a la obediencia de los filipenses, Pablo podrá gloriarse «en el día de Cristo»; es decir, cuando Cristo se manifieste en todo su poder, como se anuncia en el himno que acabamos de estudiar. Y podrá hacer esto aunque muera («aunque sea derramado en libación»).

El pasaje termina con unas palabras interesantísimas sobre el gozo cristiano: Pablo se goza con los filipenses, y éstos a su vez se han de gozar con él.

JUZGUE: Aunque este pasaje es menos conocido que el himno que acabamos de estudiar, en él también aparecen los temas centrales de la epístola: la obediencia, el gozo, y la necesidad de no dejarse llevar por «murmuraciones y contiendas»; es decir, la necesidad de la unidad.

Pero note sobre todo el tema de la ausencia y la presencia. El apóstol Pablo les dice que han de ser obedientes tanto en su presencia como en su ausencia. El teólogo danés Soren Kierkegaard dijo que la obediencia de un soldado no se prueba cuando el capitán está presente, sino cuando está ausente. Pablo exhorta a los filipenses a ser obedientes aun en su ausencia.

Pero en el versículo 16, al hablar del «día de Cristo», Pablo implica que en cierto sentido Cristo mismo está ausente—es decir, que su presencia no se manifiesta todavía con todo el poder con que ha de manifestarse al cumplirse los tiempos. Luego, Pablo obedece a Cristo aunque no esté del todo presente y manifiesto, y lo que les pide a los filipenses es que ellos hagan lo mismo.

Una esto con lo que Pablo dice del gozo mutuo entre él y los filipenses. Lo que esto quiere decir es que, aun cuando Cristo no se ha manifestado todavía con toda su gloria y poder, ya Pablo, los filipenses, y cualquier persona que crea en Cristo, pueden regocijarse, porque «el día de Cristo» viene. Y podemos también obedecer a Cristo, aun cuando su poder no se manifieste todavía en toda su plenitud.

ACTÚE: ¿Es su iglesia «como luminar en el mundo»? Note que para que así sea, es necesario que los hermanos se regocijen mutuamente en los triunfos y en la fe de cada cual. ¿Cuándo fue la última vez que usted se acercó a un hermano o a una hermana en la iglesia y le dio palabras de aliento, mostrando que se regocijaba en su presencia y en su aportación a la vida toda de la iglesia?

Hágase el propósito de acercarse cada día a una persona distinta, y decirle que se regocija en su presencia y en su aportación a la vida de la comunidad. Para hacer esto, y para hacerlo sinceramente, tendrá que detenerse a pensar en cada persona y lo que ella aporta. Haga un esfuerzo especial por mostrar un aprecio sincero por aquellas personas de quienes nadie se ocupa, y cuya presencia se da por sentada. Por ejemplo, es muy fácil decirle al pastor o la pastora que su contribución es importante, o decírselo a la tesorera o al secretario de la Junta. Pero piense en alguna otra persona que repetida y fielmente asiste a la iglesia, que muestra bondad para con las demás personas, pero a quien casi nunca se le reconoce lo que hace y lo que es.

Hágase el propósito de acercarse a tales personas. Ore por ellas y por usted, hasta que Dios le manifieste algo sobre el aporte de esas personas anónimas. Vaya entonces y hable con ellas. O, como diría Pablo, regocíjese con ellas e invítelas a que se regocijen con usted.

Séptimo día *Lea* Filipenses 2:19-30

VEA: Este pasaje gira en torno a dos compañeros de Pablo: Timoteo (versículos 19-24) y Epafrodito (versículos 25-30).

De Timoteo sabemos mucho más que de Epafrodito. Ya en el primero de nuestros estudios vimos que, aunque esta carta es de Pablo, el propio Pablo se la adscribe a «Pablo y Timoteo» (Fil. 1:1). Según Hechos, Timoteo era natural de Listra, y era hijo de madre creyente (Eunice) y de padre pagano. Llegó a ser líder entre los creyentes de Listra y de Iconio, y fue allí que Pablo le conoció.

Cuando Pablo y Bernabé se separaron y el apóstol emprendió su segundo viaje misionero, llevó consigo, en lugar de Juan Marcos, a Timoteo. Puesto que todos sabían que su padre era pagano, pero por ser hijo de madre judía era considerado judío, Pablo hizo que se circuncidara, para de ese modo evitar escándalo entre los judíos a quienes encontrarían en su viaje.

Al parecer, aunque Timoteo acompañó a Pablo en buena parte de sus viajes, los dos se separaron varias veces, sobre todo cuando era necesario enviar a alguien a otra ciudad. Así, por ejemplo, en 1 Tesalonicenses 3:1-5 vemos que Pablo envió a Timoteo a Tesalónica, para que confirmara la fe de los creyentes en esa ciudad.

Aquí le vemos preparándose a hacer lo mismo. Pablo se propone que Timoteo vaya a Filipos tan pronto como tenga noticias de lo que resultará de su encarcelamiento («luego que yo vea cómo van mis asuntos» (2:23). Al parecer, el propósito de Pablo al enviar a Timoteo a Filipos es doble: en primer lugar, hacerles llegar a los filipenses noticias sobre su propio estado y lo que ha sucedido con su encarcelamiento y su proceso judicial; y en segundo lugar, que Timoteo regrese trayéndole noticias frescas y fidedignas de la iglesia en Filipos.

Epafrodito nos es menos conocido. Ese nombre, bastante común en la antigüedad, solamente aparece en el Nuevo Testamento en esta epístola. Pero sí aparece el nombre de *Epafras*, que es una abreviación de Epafrodito, en Filemón y en Colosenses. Es posible que se trate de la misma persona, aunque la distancia entre Filipos y Colosas sugiere lo contrario. En todo caso, este Epafrodito fue enviado a Pablo por los filipenses (ver 4:18), llevando consigo un aporte al ministerio de Pablo. Tras llegar adonde Pablo estaba preso (probablemente Roma), enfermó de gravedad, al punto que se temió por su vida. Pero ahora Epafrodito ha mejorado, y le preocupa que la iglesia de Filipos (su lugar de origen) haya oído de su enfermedad, y no sepa que ha sanado. Por eso Pablo ha decidido enviarle de vuelta a Filipos. Lo que es más, toda la carta que estamos estudiando bien puede haber sido escrita en ocasión del regreso de Epafrodito a Filipos.

JUZGUE: Hasta aquí Pablo ha tratado de manera bastante general sobre el gozo y sobre la unidad cristiana, cimentándolo todo en el ejemplo de Jesús, e instando a sus lectores y lectoras a seguir ese ejemplo, de tal modo que no haya entre ellos contiendas ni rencillas. Ahora, en lo que parece ser una interrupción, deja esa discusión de temas generales para hablar de dos compañeros específicos: Timoteo y Epafrodito. El uno ha sido acompañante de Pablo por algún tiempo. El otro, oriundo de Filipos, ha llegado en fecha más reciente, portador de algún regalo o contribución de parte de los filipenses.

¿Será esto en verdad una interrupción en el hilo del argumento de la epístola? ¿O será más bien una ilustración específica de lo que Pablo viene diciendo desde las primeras palabras de su carta?

¿No será que el gozo y la unidad que Pablo tanto recomienda sólo se dan en casos concretos, cuando nos referimos a personas específicas?

Piense en ello por unos minutos. Es muy fácil amar a la humanidad en general. Pero Jesús nos mandó que amásemos a nuestro prójimo; es decir, a ese representante de la humanidad que se encuentra ante nosotros. Y eso es más difícil. La «humanidad», en ese sentido general, nunca nos molesta ni nos pide servicio alguno. Quienes nos piden servicio, apoyo y ayuda son las personas específicas con quienes nos encontramos en los caminos de la vida. Es muy fácil gozarnos en la iglesia universal. Es más difícil gozarnos en lo iglesia local, donde conocemos a los individuos y sus defectos.

Luego, al mencionar a Timoteo y Epafrodito, Pablo nos está recordando, aunque sea indirectamente, que el amor y el gozo en nuestras iglesias tienen que dirigirse a personas específicas, que no podemos decir que amamos a la humanidad al tiempo que despreciamos al prójimo que se sienta junto a nosotros en un escaño de la iglesia.

ACTÚE: La iglesia de Filipos supo que Pablo estaba preso y necesitado, y le envió ayuda. Trate de que su iglesia se pregunte quiénes tienen necesidad, ya sea entre sus miembros o ya en la comunidad, y les preste ayuda. Puede ser ayuda física, como comida o ropa. Pero también puede ser ayuda espiritual, como una visita a alguna persona presa o enferma. Pero no espere a que la iglesia esté dispuesta a hacerlo. Comience haciéndolo usted. Hágase el propósito de que esta semana va a visitar a alguna persona necesitada.

Si su iglesia publica un directorio, o si hay alguna otra lista de miembros o simpatizantes, busque en esa lista los nombres de tres o cuatro personas a quienes usted no conoce. Anote sus nombres y hágase el propósito de conocerles mejor. (Es difícil responder a las necesidades de una persona sin conocerle, para saber lo que necesita.) Anote sus nombres en su cuaderno de reflexiones, y empiece por orar por esas personas.

PARA EL ESTUDIO EN GRUPO: Anote en pedacitos de papel los nombres de todas las personas que participan del grupo. Repártalos entre ellas. Pídale a cada persona que se imagine que es Pablo escribiendo una carta a otra iglesia y encomendándole a la persona cuyo nombre le tocó. ¿Qué diría? Déles oportunidad a quienes lo deseen para contestar a esa pregunta. Al hacer esto, cimentamos nuestra relación mutua y se nos hace más factible regocijarnos en nuestra unidad y amor, como lo hace Pablo con los filipenses.

Tercera semana

Lea Filipenses 3:1

VEA: Pablo vuelve otra vez más sobre el tema central de la epístola, el gozo. (Lo que es más, no será tampoco la última vez, pues todavía no hemos llegado al pasaje central de la carta, «regocijaos en el Señor siempre».) Ahora que llevamos dos semanas estudiando esta carta, y volviendo una y otra vez al tema del gozo, quizá nos parezca que Pablo sencillamente se repite, y que ya es hora de pasar a otro tema.

Lo interesante es notar que Pablo sabe que se está repitiendo. Es por eso que les dice a los filipenses que no le «es molesto el escribiros las mismas cosas». Es decir, que aunque tenga que decirlo una y otra vez, seguirá diciéndolo tantas veces como sea necesario. Además, les dice a sus lectores que lo hace por su propio bien, pues les es «seguro» (según *La Santa Biblia*, Antigua Versión de Reina-Valera, Revision de 1960) o «útil» (según la Revisión de 1995).

Las palabras «seguro» y «útil» dan a entender el propósito de Pablo al insistir en el gozo: quiere asegurarse de que los filipenses entiendan cuán central es el gozo para la fe cristiana. Sin gozo no es posible llamarse creyente en Jesucristo. Luego, escuchar una vez más sobre el gozo les es útil a los filipenses, pues les asegura o fortalece en la fe.

JUZGUE: Posiblemente a los filipenses les parecería que Pablo estaba machacando demasiado sobre lo mismo. A quien esto escribe, tras pasar dos semanas escribiendo y comentando sobre lo mismo, ciertamente le parece que ya basta. Y lo más probable es que usted sienta algo semejante. ¿No será ya hora de pasar a otro tema?

¿Por qué cree usted que Pablo insiste tanto en el gozo? Personalmente, aunque de momento me parezca que ya basta, debo confesar que, cuando me detengo a reflexionar, todavía necesito oír una vez más cuán necesario es el gozo para la vida cristiana. Aunque llevo dos semanas reflexionando y escribiendo sobre el tema, cuando hago un inventario de mi vida y sentimientos durante esas dos semanas, descubro que no siempre he sentido o manifestado ese gozo de que habla Pablo. En más de una ocasión, ante una de las muchas contrariedades de la vida cotidiana, he dejado a un lado el gozo, y me he acercado mucho al desaliento y la duda. Cuando hace unos días estuve enfermo, y cuando otro día un hermano en la fe me decepcionó, con demasiada facilidad olvidé todo lo que había pensado y escrito en esas dos semanas sobre el gozo.

¿Le habrá sucedido a usted algo parecido? Aunque le cueste confesarlo, ¿no será que todavía necesita volver sobre el tema del gozo?

ACTÚE: Repase las dos semanas que acaban de terminar. ¿Se ha dejado inundar usted por ese gozo de que habla Pablo, y que venimos estudiando durante todo ese tiempo? ¿Se le han presentado circunstancias o momentos en que se ha dejado arrastrar por el desaliento o la amargura? ¿Ha manifestado usted un gozo superior y más profundo que la mera alegría del común de las gentes, cuando todo le va bien?

Anote algunos de los casos en que dejó a un lado el gozo cristiano. Reflexione sobre cada uno de ellos. Piense en lo que pudo o debió haber hecho o pensado en cada caso. Anote sus reflexiones. Termine su período de estudio con una oración pidiéndole a Dios que le ayude a sentir y manifestar el profundo gozo cristiano en todas las circunstancias de la vida.

Segundo día   *Lea* Filipenses 3:2-3

VEA: Nos sorprende, en medio de una epístola sobre el gozo, esta frase dura en la que Pablo llama a otros «perros». Pero es necesario repetir una y otra vez que el gozo cristiano no se basa en ilusiones acerca de la vida, del mundo o de las demás personas. Al contrario, el gozo cristiano, precisamente porque nos hace verdaderamente libres, nos permite juzgarlo todo con realismo y a cabalidad.

En este caso, Pablo toma un epíteto que algunos de los judíos más extremistas aplicaban a los gentiles, llamándolos «perros», y lo vuelca contra los judaizantes, cuyas doctrinas podrían socavar el gozo de los filipenses.

Al parecer, los «perros» son las mismas personas que «los malos obreros» (es decir, quienes dañan la viña del Señor) y «los mutiladores del cuerpo» (quienes insisten en la circuncisión física).

Por otra parte, no es seguro que estos «judaizantes» fueran judíos. Es posible, y hasta probable, que fueran gentiles conversos al cristianismo, y que en su interés por no ser menos que los demás, insistieran en la necesidad de que todos los cristianos, tanto judíos como gentiles, se circuncidaran y guardaran toda la ley.

Contra ellos, Pablo dice que «nosotros somos la circuncisión» (es decir, el pueblo escogido de Dios), y que lo que nos caracteriza es el servir a Dios en espíritu, «no teniendo confianza en la carne».

Esta última frase se usa a propósito en dos sentidos. Por una parte, no tenemos confianza en la carne en el sentido de que no ponemos nuestra fe en el hecho físico de la circuncisión en la carne. Por otra parte, no tenemos confianza en la carne en el sentido de que nuestra fe no está en ninguna criatura, ni siquiera en nuestras propias acciones, sino en la acción de Dios en Jesucristo.

JUZGUE: ¿Por qué cree usted que Pablo se atreve a usar un epíteto tan fuerte contra sus opositores? ¿Será que siempre hablaba así de sus contrincantes? (Piense en todo el resto de sus epístolas, y le será difícil encontrar muchos casos en los que Pablo use palabras tan fuertes sobre alguien.) ¿Será sencillamente que perdió la paciencia? ¿O será que en este caso particular estaba convencido de que las doctrinas de estas personas amenazaban el corazón mismo de la fe?

¿Usa usted palabras fuertes sobre otras personas? En tal caso, ¿se justifican esas palabras porque en realidad lo que está en juego es de importancia suprema? ¿O son sus epítetos sencillamente un modo de darle rienda suelta a su ira o frustración? Si tal es el caso, recuerde que la lengua, con todo y ser un órgano pequeñísimo, puede hacer gran daño.

Por otra parte, cuando hay que hablar fuerte, ¿lo hace usted? ¿O se deja llevar por el deseo de evitar conflictos, aunque lo que esté en juego sea de importancia vital?

¿Qué reglas sigue usted para determinar cuándo hablar fuerte, cuándo hablar suavemente, y cuándo callar?

ACTÚE: Tras un tiempo de reflexión sobre estas preguntas, *ore:*
Señor, toma no sólo mi vida, sino también mis palabras, de modo

que los dichos de mi boca puedan ser aceptos delante de ti. Cuando sea necesario pronunciar una palabra dura, de juicio y de corrección, dame el valor y la sabiduría para hacerlo. Cuando sea necesario pronunciar una palabra suave, de apoyo y de compasión, dame la sabiduría y el valor para hacerlo. Y cuando sea necesario callar, dame el don del silencio. Por Jesucristo, tu Palabra que habló desde el principio, tu Palabra que calló ante Pilato, tu Palabra que pronunciará juicio al final de los tiempos. Amén.

Tercer día   *Lea* Filipenses 2:4-6

VEA: A fin de refutar a los «perros» que dicen que lo importante es circuncidarse y cumplir la ley, Pablo les dice que él mismo bien podría jactarse de todo eso y más. Si de «confiar en la carne» se trata, nadie tendría más razón que el propio Pablo para hacerlo.

En primer lugar, Pablo no sólo ha sido circuncidado, sino que el rito lo recibió al octavo día de su nacimiento, por ser «del linaje de Israel». Si estos «judaizantes» no eran todos judíos de nacimiento, lo que Pablo les está diciendo es que él no es como ellos, judíos de mentiritas, sino judío verdadero desde su nacimiento, y que en su caso la circuncisión no fue cuestión de que alguien le convenciera, sino que era costumbre de sus antepasados por muchos siglos.

Pablo es «de la tribu de Benjamín». Posiblemente era por eso que llevaba el nombre de *Saulo*, que es el equivalente arameo de Saúl, el único rey de Israel procedente de esa tribu. Y no sólo eso, sino que es «hebreo de hebreos», y se crió como fariseo; es decir, como persona que pensaba que era necesario cumplir la ley en todos sus detalles.

Si se trata de celo religioso, en eso también Pablo excede a estos «judaizantes» de última hora, pues fue por eso que persiguió a la iglesia. En todo caso, en cuanto a esa justicia que es por la ley, y que los judaizantes ahora pregonan, Pablo fue siempre «irreprensible».

JUZGUE: ¿Por qué cree usted que Pablo dedica estos versículos a hablar de sí mismo, de sus orígenes y de su celo religioso? ¿Será para jactarse? ¿O será todo lo contrario, para mostrar que nadie tiene de qué jactarse?

Mañana veremos que Pablo va a escribir unas palabras bien fuertes y negativas sobre todo esto. Luego, lo que Pablo dice no es que todo esto sea algo de lo cual gloriarse o en lo cual confiar, sino todo lo contrario.

¿De qué se jacta usted? ¿Qué elementos en su vida son motivo de orgullo para usted? ¿sus logros económicos? ¿sus amistades y contactos sociales? ¿sus estudios? ¿su autoridad en la iglesia, en el trabajo o en el barrio? ¿su vida religiosa y su santidad?

Todo esto puede ser bueno. Pero si llega el día en que usted confía en esto como la fuente de su gozo y salvación, ha caído usted en el terrible error de aquellos judaizantes a quienes Pablo ataca, que confiaban en la carne y en la circuncisión.

¿Por qué cree usted que Pablo coloca estas palabras en medio de una epístola sobre el gozo? ¿No será porque quien confía en tales cosas pierde el verdadero gozo cristiano? Reflexione sobre ello. Si nuestra confianza está en algo que hacemos, siempre corremos el riesgo de caer, de perder lo que tenemos. Mientras temamos ese riesgo, mientras nuestra confianza en Dios no sea absoluta, no tendremos ese gozo profundo que es parte esencial de la vida cristiana. Si, por otra parte, nuestra salvación y nuestro futuro no dependen de nosotros, sino que están en manos de Dios, y si sabemos que Dios nos ama, entonces nada ni nadie podrá arrebatarnos ese gozo, pues nada ni nadie nos podrá apartar del amor de Cristo.

ACTÚE: Haga una lista de todas las cosas de que podría usted jactarse. Junto a cada cosa, escriba lo siguiente: «Gracias, Señor». Deténgase a pensar sobre esa frase, hasta que vea que, si tiene algo de qué jactarse, ello se debe a que Dios se lo ha dado o permitido. Si sobre algo no puede usted decirlo, no lo escriba, pero tenga cuidado: eso es señal de peligro. Quizá ese algo no sea tan bueno como usted quisiera pensar. Si no puede decir «Gracias, Señor», piense en la posibilidad de decir «Quítamelo, Señor». Si llega al punto en que sinceramente pueda decir tal cosa, escríbala también.

Cuarto día   *Lea* Filipenses 3:7-9

VEA: Pablo tiene mucho de qué jactarse. Pero todo eso de nada sirve. Todas esas cosas de las cuales se enorgulleció antes, ahora no son sino «basura» o «pérdida». ¿Por qué? Porque llevan al orgullo, a la confianza en la «carne» (3:4), y por tanto son una negación de la gracia de Cristo.

Note además que Pablo dice que la razón por la cual tiene todo esto por «basura», y está dispuesto a perderlo, es para «ganar a Cristo, y ser hallado en él». El contraste es entre perderlo todo y ser «hallado» en Cristo. En cierto modo, lo uno es la contraparte de lo otro: sin estar dispuesto a perderlo todo, no es posible ser hallado en Cristo.

Por último, en el versículo 9 aparece el contraste entre dos clases de justicia. La primera es la justicia propia, y se basa en la ley. Ésa es la justicia que los «perros» insisten en que los filipenses tengan: justicia porque se circuncidan, porque guardan la ley. La segunda no es algo que uno gane o logre, sino que «es por la fe de Cristo». Mientras que la primera es justicia propia, la segunda «es de Dios». Nunca es nuestra en el sentido de que la poseamos o podamos merecerla. Es de Dios; siempre es suya, y nunca nuestra en el sentido estricto.

JUZGUE: Nosotros no nos hemos criado como personas judías, y por tanto la cuestión de la ley no se nos plantea del mismo modo que a Pablo y sus contemporáneos. Pero sí tenemos otras cosas en las que confiamos, y que colocamos en lugar de Cristo.

Una de esas cosas es todo lo que hemos hecho en el pasado, y sobre todo lo que hemos hecho en cuanto a la religión. Nos gusta ufanarnos de que hemos asistido a la iglesia por veinte, treinta o cuarenta años. Sobre todo, quienes somos mayores nos gozamos en recuerdos del pasado, en lo que hicimos en la iglesia, en los programas que organizamos, en los conversos que trajimos.

La otra cosa es nuestra vida religiosa de hoy. Nos enorgullecemos de que no llevamos vidas disolutas, como el resto de la gente. Nos jactamos de ser cristianos fieles, que venimos a la iglesia todos los domingos, y que asistimos a la escuela dominical.

Lo que Pablo nos enseña es que mucho de lo que desde fuera puede parecer «ganancia» no es sino «pérdida» y «basura». Esto es cierto de las cosas que la sociedad en general considera señales del buen éxito en la vida: el dinero, el buen empleo, el prestigio, el poder. Por duro que nos parezca, confiar en tales cosas es ser infieles a Jesucristo.

Lo mismo es también cierto de las cosas que las gentes religiosas consideran señales de fe: la asistencia a la iglesia, el ofrendar, el cumplir todos los preceptos de una vida pura. Todo esto es bueno; pero no es lo mismo que la fe en Jesucristo. Confiar en ello es desconfiar de Jesucristo. Todo esto es bueno; pero si viene a ocupar el lugar de la fe en Cristo, no es sino una carga en la carrera hacia la meta. Lo que Cristo quiere es que confiemos en él, y entonces seamos fieles. Nuestra confianza no ha de estar en nuestra fidelidad, ni en nuestra bondad, sino en Cristo. Él es el principio de la vida cristiana, y la meta hacia la cual esa vida se dirige.

ACTÚE: Puesto que lo que tenemos que aprender es a confiar en Dios, y no en nosotros mismos, por esta vez limite su acción a orar:

Señor, en ti he creído, y tú me has dado vida eterna. Ayúdame a confiar en ti, y solamente en ti, de tal modo que tú seas mi ganancia y mi meta. Por ti, y a fin de tenerte a ti, enséñame a considerar todo lo demás como pérdida y como basura. Amén.

Quinto día   *Lea* Filipenses 3:10-11

VEA: El propósito de Pablo al estar dispuesto a perderlo todo para ser hallado en Cristo es conocerle a él «y el poder de su resurrección». Pero esto no se logra sin antes conocer también «la participación de sus padecimientos». Lea el texto detenidamente. Verá que en cierto modo el pasaje empieza en la resurrección y termina en la resurrección. Pero la primera resurrección es la de Jesús, y la segunda es la que Pablo espera en el día final. En otras palabras, que el fundamento de la vida cristiana es la resurrección de Jesús y su poder, y la meta es nuestra propia resurrección. Pero entre la una y la otra están «la participación de sus sufrimientos» y el llegar «a ser semejante a él en su muerte».

Conocer a Cristo es participar tanto en su resurrección como en sus sufrimientos y su muerte. Esto parece implicar que, sin participar en esos sufrimientos y esa muerte, no es posible participar en la resurrección.

JUZGUE: ¿Qué será participar en los sufrimientos y en la muerte de Jesús hoy? Aunque en otras partes del mundo y en otras circunstancias hay cristianos que todavía sufren persecución física, a veces hasta la muerte, por lo general nuestra situación es diferente. Aunque quizá alguien se burle de nosotros, o alguien nos ponga trabas en el trabajo o en los estudios, se trata, si bien lo miramos, de problemas de menor cuantía, que no se acercan ni remotamente a los sufrimientos de Cristo ni a los de Pablo o a los de los filipenses. Decir que si alguien se burla de nosotros, estamos participando de los sufrimientos de Cristo es, en el mejor de los casos, una gran exageración.

Luego, tenemos que volver a plantearnos la pregunta:

▶ ¿Qué será participar en los sufrimientos y en la muerte de Jesús hoy?

Piense sobre esa pregunta, y considere la siguiente respuesta: Si bien es cierto que como creyentes no se nos persigue hoy, sí es cierto que hay muchísimas personas que sufren en el mundo. Hay niñas y niños abandonados, hambrientos, sin albergue, ropa ni escuela. Hay millones de personas desnutridas, desarraigadas de sus tierras de origen, humilladas y quebrantadas por injusticias humanas o por enfermedades dolorosas e incurables. En un mundo así, lo que nos toca a quienes queramos ser partícipes de los sufrimientos de Cristo es hacernos solidarios con esas personas que sufren, hasta el punto de sufrir con ellas. Jesús dijo que en cuanto le dimos bebida, alimento o abrigo a uno de estos necesitados, a él lo hicimos. Luego, si sufrimos por una de esas personas, por pedir que se les haga justicia, que se les provea alimento, entre otras cosas, quizá de ese modo sí podamos empezar a hacernos partícipes de los sufrimientos de Cristo.

Nuestra propia comodidad y descanso nos llevan a desentendernos de tales personas y situaciones. Pero si nos dejamos llevar por tales inclinaciones, no seremos partícipes de los sufrimientos de Cristo, y por tanto tampoco lo seremos de su resurrección.

ACTÚE: Piense en una persona que conoce que esté sufriendo. Pregúntese cómo puede usted aliviar ese sufrimiento; cómo puede usted llevar algo de la carga que esa persona lleva. (Por ejemplo, si se trata de los niños hambrientos en alguna tierra lejana, puede usted dejar de comprar algo que de veras quisiera tener, y mandar el dinero a un programa que ayude a alimentarles. O si se trata de una persona de su iglesia que sufre una enfermedad dolorosa, puede usted, en lugar de pasar la velada mirando televisión, ir a visitarla, ver qué puede hacer por ella, tratar de aliviar su carga y su soledad.)

Anote lo que ha decidido hacer. Dentro de unos días, vuelva sobre lo que escribió. ¿Lo cumplió? ¿Siente gozo por haberlo hecho? ¿Será a esto que se refiere Pablo al hablar sobre la relación entre el gozo y la vida cristiana?

VEA: Pablo pasa ahora a la metáfora de un atleta que corre una carrera. Tales carreras eran uno de los deportes favoritos de la época. Es por eso que en las epístolas de Pablo aparecen varias referencias a atletas que se preparan para correr, a otros que alcanzan la corona de la victoria—de igual modo que hoy algunos predicadores utilizan ilustraciones tomadas de los deportes que hoy son populares.

En este caso, Pablo habla de «asir» algo. Esto parece referirse a algunas carreras en las que se utilizaba un aro u otra cosa que asir, de modo semejante a como hoy se utilizan cintas para determinar el ganador. Luego, lo que Pablo dice es que corre con el propósito de llegar a la meta.

Pero aquí la cosa se complica, pues lo que Pablo desea asir es «aquello para lo cual fui también asido». En otras palabras, que Cristo le ha tomado para que él corra la carrera que le ha de llevar a la meta. Esto es importante, pues no se trata de la «justicia que es de Dios por la ley», o de algo que Pablo pueda alcanzar por sí mismo. Es Cristo quien le ha tomado o «asido». Es únicamente por eso que Pablo puede correr la carrera con la esperanza de llegar a la meta.

Pero aun con eso, la imagen de la vida cristiana como una carrera es válida. Pablo, con todo y ser apóstol, no pretende haber llegado a la meta, sino que dice que «olvidando ciertamente lo que queda atrás, y extendiéndome a lo que está delante, prosigo a la meta».

JUZGUE: Muchas veces pensamos que la vida cristiana es sencillamente cuestión de «nacer de nuevo». Es cierto que para ser verdaderamente creyente en Jesucristo, hay que haber nacido del Espíritu. Tiene que haber una conversión en la que la vieja vida y el pecado quedan detrás, y se comienza una nueva vida. Pero eso no es más que el comienzo. Después de ello viene toda una «carrera», todo un proceso de disciplina y de obediencia. Esto es lo que algunos llaman «santificación».

¿Por qué cree usted que le prestamos tan poca atención a esa carrera, a esa disciplina de santificación? Es cierto que cuando tratamos sobre ese tema tenemos que cuidar de no caer en la trampa de la «justicia propia», de pensar que es por nuestra santidad o religiosidad o disciplina o esfuerzo que somos salvos. Pero mucho más importante es el hecho de que la verdadera santificación conlleva actuar como Cristo actuó, dando nuestras vidas por los demás, proclamando y reclamando justicia, dando señales de amor.

ACTÚE: El hecho mismo de que ha apartado el tiempo para esta disciplina de estudio bíblico indica que le interesa crecer en su fe y obediencia; es decir, avanzar en la «carrera» de la vida cristiana. Pero es importante que recordemos que esa disciplina no es sólo cuestión de estudio y de meditación. Es también cuestión de obediencia, de permitir que Cristo nos tome o, con las palabras de Pablo, que seamos «asidos» por él.

Repase en su mente su «carrera» cristiana. Recuerde los tiempos de gran fe, gozo y entusiasmo. Recuerde también las caídas, las dudas, los tiempos oscuros. Pídale a Dios que le ayude a comenzar la carrera de nuevo, y que esta vez sea Él quien corra con usted, como si le tuviera de la mano, como si usted estuviera «asido» o «asida» hasta que logre «asir» aquello para lo cual Cristo le llamó.

Séptimo día *Lea* Filipenses 3:15-21

VEA: Lo primero que puede sorprendernos es que Pablo se refiere a sí mismo como uno de los «perfectos», cuando poco antes, en el versículo 12, acaba de decir que no es perfecto. La razón es que la palabra «perfecto» se usa en dos sentidos distintos. En el versículo 12 se refiere a haber terminado la carrera y alcanzado la corona de victoria. Naturalmente, Pablo no se considera a sí mismo «perfecto» en ese sentido. Aquí, en el versículo 15, se refiere, no a haber completado la carrera, sino a ser un corredor apto. Es ese sentido, es perfecta la persona que está capacitada para la carrera, cuyos pies y piernas están sanos.

Luego, Pablo no se refiere aquí a un grupo pequeño de creyentes especiales que ya hayan alcanzado la meta de la perfección, sino a quienes sean verdaderos atletas dispuestos para la carrera.

Estas personas han de ser de un mismo sentir. Esto lo dice Pablo tanto en este versículo como en el 16. Este tema de la unidad y armonía lo hemos visto antes en esta epístola, y lo volveremos a ver la semana entrante. Es tema central para Pablo, que se preocupa por la posibilidad de que las divisiones entre los filipenses les roben el gozo y debiliten su testimonio. Lo que es más, esa unidad es tan importante, que si se pierde, si alguien la rompe, Dios les llamará la atención a los fieles: «si otra cosa sentís, esto también os lo revelará Dios».

El versículo 17 señala uno de los mejores modos de asegurarse de la unidad: ser imitadores de los mejores en la comunidad. Aquí Pablo les recomienda a los filipenses que le imiten a él o a otras personas en la fe que sean como él.

En el versículo 18 llegamos al centro de este pasaje: Pablo quiere advertir a sus lectores contra ciertas personas que son «enemigos de la cruz de Cristo». Y en el versículo 19 los describe con los siguientes cuatro trazos: (1) su fin es perdición; (2) su dios es el vientre; (3) su gloria es su vergüenza; y (4) sólo piensan en lo terrenal.

En contraste con los tales están los verdaderos creyentes, personas cuya «ciudadanía está en los cielos». Tales personas esperan al Salvador que viene del cielo (y no de lo terrenal o de su propio vientre, como los enemigos de la cruz). Ese Salvador realizará en los fieles una transformación radical, de modo que «el cuerpo de la humillación nuestra» será «semejante al cuerpo de la gloria suya». Y si alguien se pregunta cómo el Salvador podrá hacer tal cosa, Pablo le responde que lo hará con su poder creador y sostenedor, por el poder que le hace rey soberano de todo: «el poder con el cual puede también sujetar a sí mismo todas las cosas».

JUZGUE: Mucho podría decirse sobre este pasaje. Pero centremos nuestra atención sobre el contraste que se encuentra en el centro mismo del texto: el contraste entre los «enemigos de la cruz de Cristo» por una parte, y quienes tienen su «ciudadanía en el cielo», por otra.

En cierto modo, aquí Pablo vuelve sobre un tema que hemos visto anteriormente en la epístola: el contraste entre dos modos de ver las cosas o dos modos de vivir la vida. Es por ese contraste que Pablo puede decir que lo que antes tenía por ganancia ahora lo tiene por pérdida y hasta por basura (3:7-8).

Piense sobre ese contraste. ¿Qué quiere decir ser enemigo de la cruz de Cristo? ¿Qué quiere decir, por el contrario, ser amiga de la cruz de Cristo? ¿Bastará con llevar la cruz al cuello, o con besarla de vez en cuando? ¿Bastará con ir a la iglesia y cantar himnos sobre la cruz? ¿Bastará siguiera con declarar que en la cruz Cristo nos salvó?

¿No será necesaria una cosa más? Según Pablo nos enseñó en esta misma epístola hace unos días (2:5-8), lo que hemos de hacer es tener en nosotros el sentir que hubo en Cristo Jesús, y que le llevó a la cruz. Según nos dijo otro día (3:10), hemos de buscar «la participación de sus padecimientos, llegando a ser semejante a él en su muerte». Luego, ser amigo de la cruz de Cristo es hacer de la cruz, no sólo objeto de devoción, sino ejemplo para imitación. Ser enemigo de la cruz de Cristo es negarse a ello, rechazar lo que no nos guste, tener una religión fácil que no nos haga sufrir. ¿No es eso lo que hacemos cuando sencillamente llevamos la cruz al cuello, y la besamos, y hasta le cantamos himnos, pero no llevamos vidas de sacrificio por los demás?

¿Conoce usted casos de predicadores famosos que hablan mucho de la cruz, pero que se han hecho multimillonarios y que comparten bien poco de lo que tienen? ¿Se contarán quizá tales personas entre los enemigos de la cruz cuyo dios es el vientre? Cuando nos dejamos llevar por predicadores que nos dicen que la vida cristiana es vida de gozo, pero que no tiene nada de sufrimiento ni de sacrificio ni de entrega personal, ¿no estaremos convirtiéndonos en enemigos de la cruz de Cristo?

Lo mismo puede verse con el otro modo en que este pasaje señala ese contraste: por un lado, los enemigos de la cruz sólo piensan en lo terrenal; por el otro, los verdaderos creyentes tienen su ciudadanía en el cielo. Esto no quiere decir que anden siempre mirando al cielo, como si la tierra no importara. Lo que quiere decir es que viven en este mundo, cuyo dios es el vientre, como quienes saben que la última palabra no la tiene el vientre, ni la cuenta de banco, ni la mucha popularidad, sino el Salvador que ha de venir desde el cielo.

Imagínese una parada con una banda bulliciosa, todos marchando al mismo ritmo. Ahora imagínese que en medio de esa parada hay diez o doce personas que tienen un aparato de radio al oído, y escuchan un ritmo diferente. Esas diez o doce personas marcharán a un ritmo diferente. Desde el punto de vista de los organizadores de la parada, serán un desastre. Pero lo que sucede no es que no tengan ritmo. Lo que sucede es que oyen otra música, que siguen otra banda y otro capitán. Algo así es lo que sucede cuando tenemos nuestra ciudadanía en el cielo. Ya no podemos marchar al ritmo del mundo, como si el vientre fuera nuestro dios, como si todo esto que en realidad es basura fuera verdadera ganancia. Ahora marchamos a otro ritmo. El hecho mismo de marchar a otro ritmo hace que las demás personas en la parada nos vean mal, nos critiquen, y hasta que en cierto sentido nos persigan o nos crucifiquen. Eso es lo que significa ser amigo o amiga de la cruz de Cristo. ¿Ha tenido usted tal experiencia?

ACTÚE: Una de las principales dificultades en ser amigo de la cruz de Cristo es que desde el punto de vista del resto del mundo tal persona parece estar loca o descarriada. Por tanto, pregúntese: ¿A quiénes conozco yo que son amigos de la cruz de Cristo? Trate de pensar en decisiones que esas personas han tomado, y que han sido señal de que, en lugar de pensar sólo en lo terrenal, son personas cuya ciudadanía está en el cielo.

Apunte el resultado de sus reflexiones, y hágase el propósito, hoy mismo de ser posible, de expresarle a esa persona su solidaridad, comprensión y admiración. En esa conversación, pídale ayuda para que usted también pueda actuar de manera semejante. Ahora pregúntese: *¿Soy yo amigo de la cruz de Cristo?*

Piense sobre todo en alguna decisión que tendrá que tomar dentro de poco. Si su dios es amigo de la cruz de Cristo, ¿qué decidirá? Anote su decisión, y unas pocas líneas que le ayuden a recordar por qué ésa ha de ser su decisión.

PARA EL ESTUDIO EN GRUPO: Pídale al grupo que se imagine lo que hemos dicho más arriba sobre una parada. En esa parada vamos a oír la música oficial, la del «mundo», la que tiene por ganancia esas cosas que los cristianos bien pueden considerar como pérdida. Al mismo tiempo, vamos a tratar de escuchar la otra música, la de los amigos de la cruz de Cristo.

Ahora describa la siguiente situación: Nuestra iglesia está pasando por enormes dificultades económicas. Casi no tenemos con qué pagarle a la pastora. Apenas podemos pagar la electricidad. Sí tenemos un bello ministerio con personas indocumentadas, ayudándoles a conseguir educación, servicios médicos, servicios legales, entre otras tareas. Una gran compañía nos ofrece muchísimo dinero, y un terreno en las afueras de la ciudad, a cambio de nuestro viejo edificio en el barrio. Si nos mudamos allá, no podremos continuar el servicio a los indocumentados. Pero tendremos una bella iglesia en un vecindario mejor, con estancionamiento amplio y muchas otras facilidades.

Divida al grupo en dos. Pídales que discutan lo que se ha de hacer, con un grupo a favor de la propuesta mudanza, y otro en contra.

Tras unos minutos de discusión, divida la pizarra en dos columnas: **Argumentos de los enemigos de la cruz** y **Argumentos de los amigos de la cruz**. Pídale a todo el grupo que repase la discusión que han tenido, y que vayan diciendo en cuál de las dos columnas cae cada uno de los argumentos que han empleado.

Cuarta semana

VEA: El versículo que estudiamos hoy es notable, porque en pocos versículos de la Biblia se unen tantas palabras de gozo y de amor. Dos veces en el versículo, Pablo llama a sus lectores «amados». Además les llama «hermanos», «deseados» y «gozo y corona mía». Aquí la palabra «corona» se refiere a la corona de laurel que era el premio de los vencedores en las carreras. Luego, Pablo vuelve a la imagen del atleta que corre en una carrera. Pero ahora el premio no es, como en 3:14, el «supremo llamamiento de Dios en Cristo Jesús», sino que la corona son los filipenses mismos.

Todo el versículo, en medio de tantas palabras de cariño, no contiene sino una amonestación: «estad así firmes en el Señor».

JUZGUE: Al estudiar este versículo, repase lo que hemos estudiado durante las tres semanas anteriores. Verá que aquí no se dice nada nuevo. Al contrario, Pablo toma esta ocasión para repetir y reforzar lo que ha dicho sobre el amor, la unidad, el gozo y la necesidad de estar firmes.

Piense en una escalera de varios pisos. Lo que Pablo hace es no obligar a sus lectores a subir un nuevo peldaño en cada línea o cada versículo. De vez en cuando, nos ofrece un descanso, como esos descansos que hay en una escalera entre piso y piso. ¿Por que cree usted que Pablo hace esto?

Piense en lo que sucede en una escalera cuando llegamos a un descanso. Nos detenemos, respiramos profundamente, descansamos por un momento, y entonces miramos hacia atrás. Contamos los pisos que hemos subido, y miramos lo que nos falta. En el caso de una carta como ésta, que se leería en voz alta en la iglesia, los filipenses no tendrían modo de saber cuánto les quedaba por leer. Pero este descanso sí les serviría para repasar y reforzar lo que habían escuchado hasta este punto.

Posiblemente la función de este versículo sea precisamente ésa: obligarnos a tomar un respiro y repasar lo que hemos estudiado hasta aquí, para de ese modo reforzar los temas centrales de la epístola: el gozo, el amor y la firmeza en la fe.

ACTÚE: Abra su cuaderno de reflexiones y vaya repasando lo que escribió durante las tres semanas pasadas. Cada vez que encuentre una decisión o resolución que haya cumplido, deténgase a darle gracias a Dios por ello. Cada vez que encuentre algo que no haya cumplido, pida perdón y fuerzas. Anote entonces en su cuaderno, en la sección para las reflexiones de hoy, todo lo que haya quedado por hacer o por cumplir. Hágase el propósito de cumplirlo ahora. Termine con una oración pidiendo fuerza y dirección para ello.

Segundo día   *Lea* Filipenses 4:2-3

VEA: Era costumbre en las cartas de esa época colocar todos los saludos y recomendaciones concretas a personas particulares hacia el final de la carta. Eso es lo que hace Pablo aquí. (Aunque, como veremos en el resto de la semana, todavía le falta bastante para terminar la carta.) Aquí por primera vez aparecen los nombres de algunos de los filipenses, y recomendaciones específicas a algunos de ellos.

De Evodia y Síntique no sabemos más que lo que se nos dice en estos dos versículos. Al parecer, eran dos líderes de la iglesia de Filipos que tenían algunos desacuerdos entre sí. Pablo les exhorta a la unidad. Pero no por eso olvida que son personas comprometidas, «que combatieron juntamente [con él] en el evangelio». No se sabe a qué hechos o momentos se está refiriendo Pablo. Pero lo que está claro es que siente respeto y gratitud hacia estas dos mujeres, a pesar de que ahora al parecer estén causando algunos desacuerdos en la iglesia.

No hay modo de saber quién es el «compañero fiel» a quien Pablo se dirige en el versículo 3. Tampoco se sabe más sobre «Clemente» y «los demás colaboradores». Lo que sí está claro es que Pablo le pide al personaje anónimo del versículo, no que condene o que reprenda a Evodia y a Síntique, sino que las ayude.

JUZGUE: Después de todo lo que Pablo ha dicho sobre la unidad y el amor, sería de esperarse que cuando dos hermanas de la iglesia de Filipos, Evodia y Síntique, comenzaron a tener desavenencias, el apóstol respondiera con las más duras palabras posibles.

¿Por qué cree usted que, en lugar de ordenar que se les eche de la iglesia, o que se les condene por no haber entendido ni respetado la importancia de la unidad, Pablo recomienda que se les ayude? ¿No será que, si Pablo les ataca y condena, estará practicando la misma falta de amor y de unidad que quiere que sus lectores rechacen?

Piense en un caso concreto en una iglesia del día de hoy. Quizá hace algún tiempo alguien empezó a decir o a hacer algo que no debía. Pronto encontró resistencia entre otras personas más sabias y fieles. Al principio, resultaba claro quiénes eran los que estaban haciendo mal y dividiendo la iglesia. Pero poco a poco el conflicto se fue haciendo más amargo, hasta que llegó a tal punto que tanto un bando como el otro perdieron toda caridad y amor. Ya no se sabía quién empezó el problema. A la postre todos cayeron en el odio y en la división.

Eso es lo que sucede, en una medida o en otra, siempre que, en lugar de ayudar a quienes están cayendo en cualquier error, lo que hacemos es sencillamente atacarles, sin antes hacer todo lo posible porque se enmienden, a base de amor y de ayuda. (Recuerde que en Filipenses 3:18, cuando Pablo se ve en la necesidad de llamar a algunos «enemigos de la cruz de Cristo», lo hace «llorando».)

◗ Cuando hay en su iglesia alguna persona equivocada, o que no coopera, o que causa divisiones, ¿qué debemos hacer con ella? ¿Qué hace usted?

ACTÚE: Piense en alguna persona en su iglesia que esté marginada porque en el pasado ha creado problemas, o porque no coopera con las demás. Ore por ella. Hágase el propósito de acercársele y ver si hay algún modo en que pueda ayudarla.

Tercer día   *Lea* Filipenses 4:4-5

VEA: Pablo se acerca al cierre de su carta con una serie de recomendaciones. La primera de esas recomendaciones, como era de esperarse dado el tono de toda la carta, es el gozo cristiano, sobre el cual Pablo insiste repitiendo su exhortación: «Regocijaos en el Señor siempre. Otra vez digo: ¡Regocijaos!» Todo lo demás que sigue es en cierto modo parte de esta recomendación: la vida cristiana, a pesar de todas sus dificultades, es vida gozosa.

La palabra en el versículo 5 que se traduce por «gentileza» también quiere decir «mansedumbre», «suavidad», «agradabilidad». Luego, lo que Pablo les está aconsejando a los filipenses es que se comporten de tal modo que su carácter afable y gentil sea universalmente reconocido. Esto no siempre es fácil, pues a veces es más fácil exasperarse que tratar a los demás con dulzura—sobre todo si, como bien puede haberles sucedido a los creyentes en Filipos, el resto de la sociedad es hostil.

Es por eso que Pablo les recuerda la razón por la cual pueden ser gentiles y afables con todos: «El Señor está cerca».

En una palabra, los creyentes han de regocijarse y de ser gentiles, no a base de esfuerzo propio, sino porque tienen una causa de regocijo que el resto del mundo desconoce: ¡El Señor está cerca! Esto no quiere decir necesariamente que esté a punto de manifestarse en la gloria de su segunda venida. Lo que sí quiere decir es que está a la mano, al alcance de nuestro llamado y nuestras oraciones.

JUZGUE: ¿Cree usted que la confianza en que el Señor está cerca puede ayudarle a comportarse como Pablo recomienda?

¿Recuerda usted alguna ocasión, cuando era muy pequeñito o pequeñita, y le tenía miedo a la oscuridad o a la soledad? ¿Recuerda que su padre o su madre le dijo en alguna ocasión, desde una habitación vecina: «no tengas miedo, yo estoy aquí»? Aunque la luz estuviera todavía apagada, esa voz cercana y de confianza le ayudó a vencer el temor.

¿No nos sucede lo mismo en nuestra vida de fe? Si nos olvidamos de que el Señor está cerca, los temores y las pruebas nos abruman. Si algo nos sale mal, o si alguien nos ataca, nos dejamos llevar por la ira y la amargura. Pero si, por el contrario, recordamos que «el Señor está cerca», las cosas cambian. La confianza en esa cercanía nos da nuevo valor y firmeza.

ACTÚE: Reflexione en la palabras del himno «Dios está aquí», No. 355 en *Mil Voces Para Celebrar*:

«Dios está aquí, tan cierto como el aire que respiro, tan cierto como la mañana se levanta, tan cierto como que le canto y me puede oír».

Cante o repita esas líneas varias veces. A partir de ahora, cada vez que la frustración o la amargura amenace arrastrarle, repita esas palabras.

Cuarto día *Lea* Filipenses 4:6-7

VEA: Note que el versículo 7, que frecuentemente usamos a modo de bendición para terminar un servicio religioso, en realidad es una promesa. Pablo les promete a los filipenses que «la paz de Dios . . . guardará. . .»

Esa promesa del versículo 7 es lo que los filipenses recibirán al seguir el consejo del versículo 6, de compartir todas las cosas con Dios. Note que en ese versículo se les recomienda que vayan ante Dios con peticiones y con acción de gracias. En otras palabras, que han de compartir con Dios tanto sus angustias (en peticiones) como sus alegrías (en acción de gracias).

JUZGUE: La práctica cristiana que Pablo recomienda en todo el resto de la epístola es el compartir. Compartir con Dios (en el pasaje que estudiamos hoy) y con los demás (en el que estudiaremos pasado mañana).

La oración es el principal modo en que compartimos con Dios tanto lo bueno como lo malo. Compartimos lo bueno dando gracias. Compartimos lo malo con nuestras peticiones, colocando nuestros dolores y preocupaciones en las manos de Dios. Lo primero destruye la vanagloria. Lo segundo nos libra del afán.

La acción de gracias destruye la vanagloria, porque cuando reconocemos que toda buena dádiva viene de Dios, ya no tenemos de qué gloriarnos. Si, por ejemplo, uno de nosotros está orgulloso porque canta muy lindo, o porque predica bien, ese orgullo perderá su fuerza cuando, en verdadera acción de gracias, reconozca que esos dones vienen de Dios. Si hay algo que produzca en ti vanagloria, ese algo es lo primero que debes agradecerle a Dios, y ya no podrás gloriarte como si fuera obra tuya.

La petición nos libra de afanes, porque a través de ella sabemos que no estamos solos, y que el buen éxito no depende únicamente de nosotros. Si estoy afanoso, por ejemplo, por una enfermedad, al colocar mi situación en las manos de Dios, pasa el afán, y viene «la paz de Dios, que sobrepasa todo entendimiento».

ACTÚE: Escriba en su cuaderno de reflexiones las tres o cuatro cosas que más ansiedad le causan. Junto a cada una de ellas, escriba la siguiente oración:

Señor, lo pongo en tus manos.

Repita esa oración hasta que sienta que, precisamente porque esa preocupación está en manos de Dios, ya no es tan amenazante.

Entonces escriba las tres o cuatro cosas que más le agraden, y de que usted esté más orgulloso u orgullosa. Escriba junto a cada una de ellas la siguiente oración:

Señor, todo te lo debo a ti.

Repita esa oración hasta que sienta que el orgullo se desvanece. Luego, repita ambas oraciones hasta que sienta la paz de Dios guardando y rodeando su corazón.

Quinto día   *Lea* Filipenses 4:8-9

VEA: Al igual que los dos versículos que estudiamos ayer, estos dos versículos son una promesa. Los de ayer prometían que «la paz de Dios . . . guardará vuestros corazones». Los dos versículos de hoy prometen que «el Dios de paz estará con vosotros». Adelantándonos un poco, podemos decir que los versículos de mañana también terminan con una promesa: «Mi Dios, pues, suplirá todo lo que os falta».

La promesa de ayer tenía una contraparte humana: los filipenses debían compartir todo con Dios en súplicas y en acción de gracias. La promesa de hoy tiene por contraparte humana lo que los creyentes han de pensar. Aunque aparece una larga lista (por ejemplo, lo verdadero, lo honesto, lo justo), todo esto se relaciona en fin de cuentas con la frase final del versículo 8: «en esto pensad». En otras palabras, lo que los creyentes han de hacer es pensar en una serie de cosas: lo verdadero, lo honesto, lo justo, lo puro, lo amable, lo que es de buen nombre, la virtud, lo digno de alabanza.

JUZGUE: ¿Cree usted que es posible controlar los pensamientos?

Tal pareciera que no, pues si yo le digo a usted, por ejemplo, «No piense en un elefante», por más que usted quiera evitarlo, tendrá que pensar en un elefante, aunque sea por un instante. Y si se sigue esforzando en no pensar en tal elefante, mientras más se esfuerce, más pensará en él. Luego, parece que no es posible controlar los pensamientos.

Pero en este texto Pablo nos conmina a pensar en ciertas cosas, y por tanto a no pensar en otras. Luego, sí debe ser posible controlar los pensamientos. Lo que sucede es que los pensamientos no se pueden controlar a corto plazo, de momento, sino que se les controla únicamente mediante una disciplina.

Por ejemplo, si vivimos en un ambiente en que se glorifican la violencia y el sexo desenfrenado, si constantemente estamos viendo programas de televisión que glorifican lo mismo, si los libros que leemos hacen lo mismo, a la postre tales pensamientos nos parecerán completamente naturales y nos vendrán a la mente ante la más mínima sugerencia. Si, por otra parte, evitamos participar de tales cosas, si buscamos lecturas y entretenimientos más sanos, nos será más fácil evitar esos pensamientos y acciones.

Luego, si se nos hace difícil pensar en todo lo verdadero, lo honesto, lo justo y lo puro, ¿no será que le hemos permitido al medio ambiente contaminar nuestras mentes a tal punto que es esa contaminación lo que domina nuestros pensamientos?

ACTÚE: En su cuaderno de reflexiones, haga una lista de las cosas en las que Pablo nos exhorta a pensar: lo verdadero, lo honesto, lo justo, lo puro, entre otras. Repase ahora sus entretenimientos durante los últimos dos o tres días, tales como programas de televisión, películas o conversaciones. Si alguno de esos entretenimientos fue tal que promovió en usted la clase de pensamientos que Pablo recomienda, anótelo.

(Por ejemplo, si una película le hizo pensar en la pureza, anótela junto adonde escribió «lo puro».) Pero si algún entretenimiento provocó en usted pensamientos o sentimientos contrarios a esa lista, anótelo en tinta roja.

Durante los próximos días, deténgase cada vez que pueda, a pensar si los entretenimientos, ocupaciones y pasatiempos en que se ocupa promueven una u otra clase de pensamientos. Anote sus reflexiones y conclusiones.

VEA: Este pasaje, al igual que los de los dos días anteriores, es una promesa, pues Pablo termina diciéndoles a los filipenses que su Dios suplirá todo lo que les falta. Pero además este pasaje sirve para cerrar y resumir el argumento de toda la epístola, pues comienza hablando una vez más del gozo. En este caso, sin embargo, Pablo se goza por una ayuda concreta que le ha llegado de los filipenses, pues tiene con ellos una relación especial que hace que ellos le envíen apoyo y él lo reciba.

Como trasfondo para esta relación, lea de nuevo el pasaje sobre los inicios de la iglesia de Filipos en Hechos 16:9-40. Allí encontrará dos personas que desde el principio compartieron con Pablo. La primera es Lidia de Tiatira, quien después de ser bautizada juntamente con su familia, insistió en ofrecerles su hospitalidad a Pablo y sus compañeros. Como dice Hechos 16:15, «nos obligó a quedarnos». Es decir, que el espíritu dadivoso y hospitalario de Lidia era tal que insistía hasta el punto de obligar a Pablo y sus compañeros a aceptarlo.

La otra persona en Filipos que compartió con Pablo y Silas fue el carcelero. Todos conocemos la historia de su conversión. Lo que muchas veces olvidamos es que, aun antes de bautizarse, el carcelero les lavó las heridas a Pablo y Silas, y que después de bautizarse, los llevó a su casa y les puso mesa.

Es interesante notar que Hechos, que por lo general no habla de tales cosas, en el caso de Filipos nos da dos ejemplos de personas que compartieron de sus bienes con Pablo y sus compañeros. Al leer la Epístola a los Filipenses, nos damos cuenta de que el espíritu dadivoso de esa iglesia continuó manifestándose. (Vea también 2 Corintios 8:1-5 donde Pablo se refiere a la generosidad de las iglesias de Macedonia como ejemplo para los corintios. Recuerde que la iglesia de Filipos era la principal entre las de Macedonia.)

Note por último que el texto termina con palabras de alabanza. La alabanza es antídoto contra la vanagloria, pues si la gloria ha de ser «al Dios y Padre nuestro», no ha de ser para los filipenses, ni para Pablo, ni para nosotros.

JUZGUE: ¿Cree usted que entre cristianos se comparte todo lo que deberíamos? Piense en primer lugar en términos de sentimientos. La iglesia debería ser el lugar en que, por ser todos una sola familia, podemos compartir los sentimientos más íntimos. ¿Es así en su iglesia? ¿Contribuye usted a que así sea?

Además, piense en los bienes materiales. Los filipenses compartieron de sus bienes materiales con Pablo. ¿Compartimos suficientemente los unos con los otros? Cuando hay en nuestra comunidad de fe una persona necesitada, ¿la ayudamos? ¿O le decimos que vamos a orar por ella, como si no tuviéramos otra cosa que ofrecerle?

Piense en el presupuesto de su iglesia. ¿Cuánto de ese presupuesto lo gasta la iglesia en ella misma, y cuánto lo comparte con el resto de la comunidad? En la iglesia primitiva, la ofrenda que se recogía era principalmente para los necesitados. Si había hambre, o si las cosechas fallaban, la iglesia alimentaba a los hambrientos. Si había una epidemia, la iglesia invertía sus recursos en la salud pública. Hoy se hace mucho menos en ese sentido. La mayor parte de las ofrendas se emplea en sueldos, en pagar la electricidad y cuidar del edificio, y otras cosas semejantes. ¿Cree usted que ésa será una de las razones por las que el testimonio de la iglesia es menos efectivo?

ACTÚE: Repita el ejercicio que hicimos la primera semana de estos estudios: Saque su chequera y vea la lista de los cheques que ha escrito. En una hoja en su cuaderno de reflexiones, haga dos columnas, cada una con un encabezado: *Para mí y para mi familia* y *Para otras personas*. Bajo cada encabezado, vaya poniendo la cantidad que ha gastado. Por ejemplo, si pagó el alquiler, ponga esa cantidad bajo la primera columna. Si contribuyó a la iglesia o a una causa caritativa, ponga esa cantidad en la segunda columna. Al terminar, sume cada columna.

Ahora busque en este mismo cuaderno la página en que hizo un ejercicio parecido durante la primera semana de este estudio. ¿Hay algún cambio? ¿Ha mejorado la proporción de lo que usted contribuye al bienestar de otras personas? ¿Ha experimentado usted mayor gozo al dar más? Tras ese análisis, y en espíritu de oración, tome las medidas que crea necesarias.

Séptimo día   *Lea* Filipenses 4:21-23

VEA: La carta termina con una serie de salutaciones. Eso en sí no tiene nada de extraordinario, pues entonces, como ahora, se acostumbraba aprovechar cualquier correspondencia para mandar saludos, y normalmente tales saludos iban al final de la carta.

Lo que sorprende en estos versículos son unas pocas palabras que bien podrían pasar desapercibidas: «especialmente los de la casa de César». «César» era el nombre que se le daba al emperador. Decir «los de la casa de César» era lo mismo que decir «los de la casa del emperador». Esto no ha de entenderse en el sentido de que eran parte de la familia imperial, como hoy entendemos la familia. En esa época, la «casa» o «familia» de una persona incluía no sólo a sus parientes, sino también a todas las demás personas que dependieran del jefe de familia, incluso los esclavos y otros allegados a quienes se llamaba «clientes».

Por lo tanto, el ser «de la casa de César» no quería decir que uno fuera pariente del emperador, ni siquiera que vivía en el palacio imperial. Lo que sí quería decir era que uno era esclavo, allegado o dependiente del emperador.

Pablo estaba preso bajo custodia de las autoridades imperiales. Luego, lo más probable es que estos cristianos que le mandan saludos a la iglesia de Filipos sean parte de la guardia que le ha sido asignada para custodiarle. De algún modo, estas personas (probablemente soldados y oficiales cuya tarea era vigilar a Pablo) han sido tan impactados por su testimonio que se han convertido, y ahora les mandan saludos a sus hermanos y hermanas en Filipos, a quienes nunca han conocido.

Sin grandes alborotos ni aspavientos, que pudieran haber puesto en peligro a estos hermanos «de la casa de César», Pablo les dice a los filipenses que al menos algunos de sus guardianes se han convertido. Recuerde que entre los cristianos de Filipos se contaba probablemente el carcelero que en esa ciudad se había convertido tras oír a Pablo y Silas cantar himnos mientras estaban presos, y luego ver el poder de Dios manifestado en un fuerte terremoto. Este carcelero, y el resto de la iglesia de Filipos que conocería su historia, podrían leer entre líneas y gozarse en el modo en que el testimonio de Pablo había traído a la fe a estas personas «de la casa de César».

Con estas palabras, Pablo termina la epístola mostrándoles a los filipenses que lo que les ha venido diciendo es cierto: que la vida gozosa es testimonio poderoso de la fe—tan poderoso, que hasta quienes habían sido designados para vigilarle se convierten. Sin tener que decirlo explícitamente, Pablo les ofrece la prueba más contundente del poder del testimonio gozoso.

JUZGUE: ¿Cree usted que hay una correlación entre el gozo y el poder del testimonio cristiano? Mire en derredor suyo a varias iglesias que conozca. ¿No es cierto que por lo general las iglesias donde las gentes andan siempre con caras largas, como si les pesara sobre los hombros el mundo entero, son iglesias que no crecen? ¿No es cierto que las iglesias donde parece que las gentes asisten por obligación, y que están desesperadas porque se acabe el culto y puedan regresar a sus casas, tampoco crecen? ¿No es cierto que las iglesias que crecen son aquéllas cuyos miembros expresan gozo, tanto en su adoración como en sus relaciones mutuas?

Esto se debe a dos razones. La primera y más superficial es que las gentes prefieren estar en lugares alegres que en ambientes sobríos y solemnes. Pero la segunda razón es mucho más importante: Si decimos que el evangelio es «buenas noticias», ¿cómo podemos no sentir y manifestar gozo y alegría? Cuando a cualquier persona le dan una buena noticia, da señales de gozo: sonríe, llama a un amigo, grita, canta o hasta llora de alegría. Cuando decimos que proclamamos «buenas noticias», pero no damos señales de gozo, se les hace difícil a quienes nos escuchan y nos ven creer lo que decimos. Si tenemos buenas noticias, ¿por qué no estamos gozosos? ¿Por qué no estamos de fiesta? ¿Por qué no corremos a contárselas a nuestras amistades?

Piense en usted y en su comunidad de fe. Toda esta epístola es un llamado al gozo cristiano. (Si tiene tiempo, vuelva a leer toda la epístola, subrayando cada vez que aparezcan palabras tales como *gozo* y *regocijaos*.) ¿Se experimenta ese gozo en su comunidad de fe? ¿Lo experimenta usted? ¿Qué cree que puede hacer para experimentarlo?

ACTÚE: En toda esta epístola se combinan dos temas: el gozo y el compartir. Sobre todo en este último capítulo que hemos estado estudiando esta semana, vemos que hay gozo en compartir. Considere la posibilidad de que el gozo cristiano se acreciente al compartirlo. (Piense por ejemplo en una buena noticia que usted recibió. ¿No corrió a compartirla con alguien? ¿No aumentó eso su alegría?) La experiencia de muchos creyentes es que ha sido precisamente en el acto de compartir las buenas noticias del evangelio que esas buenas noticias han cobrado especial importancia para quienes las compartían.

Decida que, al menos durante el resto de la semana, va a aprovechar toda oportunidad que se le presente para compartir el evangelio. Esto no quiere decir que usted va a importunar a las personas preguntándoles si están salvas o no. Más bien, dígales sencillamente cuán feliz es usted porque ha conocido a Cristo. Sonría y muéstrese alegre, y cuando alguien le pregunte por qué, dígale. No se deje perturbar por las circunstancias adversas, y cuando alguien a su derredor sí se deje perturbar, ofrézcale el don de la paz de Dios y el gozo del evangelio.

Tales decisiones, sin embargo, no deben quedarse en generalidades. Piense específicamente en algunas personas a quienes usted va a ver en los próximos días, y cómo va a manifestarles el gozo del evangelio.

Termine la sesión de hoy repasando lo que ha escrito en su cuaderno de reflexiones durante estas cuatro semanas en el estudio de la Epístola a los Filipenses. Si lo desea, anote lo que haya aprendido, y sobre todo lo que haya profundizado en su vida cristiana.

PARA EL ESTUDIO EN GRUPO: En conversación con el grupo, piensen en un lugar donde falten el gozo y la alegría. (Puede ser, por ejemplo, un hogar para enfermos del SIDA, un asilo de ancianos, una escuela de niños pobres, un hospital o una cárcel.) Hagan planes para visitar ese lugar y dar manifestaciones de gozo, de amor y de esperanza. Señale, sin embargo, que en tales casos no se trata de una sola visita para hacernos sentir que al menos hemos hecho algo. El amor requiere compromiso.

Si el grupo decide visitar uno de estos lugares, debe comprometerse a hacerlo regularmente, y a establecer verdaderos vínculos de amor con las personas a quienes encuentren allí. De lo contrario, el amor será con «fingimiento» (contrario a lo que dice Romanos 12:9), y por tanto nuestro gozo tampoco será verdadero.

Quinta semana

Primer día   *Lea* Colosenses 1:1-2

VEA: Colosenses es otra de las cartas que Pablo escribió desde la prisión. Es muy distinta de la Epístola a los Filipenses. La iglesia de Filipos había sido fundada por Pablo, quien tenía allí fuertes vínculos personales. La de Colosas ni siquiera se menciona en Hechos, y Pablo nunca la visitó.

Colosas era una ciudad pequeña cerca de otras dos ciudades que también se mencionan en Colosenses 4:13: Hierápolis y Laodicea. Aunque antes Colosas había sido relativamente importante, ya en tiempos de Pablo había decaído bastante, y tanto Laodicea como Hierápolis eran mucho más importantes. Hoy no quedan de Colosas, sino una colina en la que apenas pueden distinguirse unas ruinas.

Parece que el fundador de la iglesia en Colosas fue Epafras (Col. 1:7), y que Pablo escribió esta carta porque Epafras vino a visitarle en la prisión (o estaba preso junto a Pablo), y allí le hizo saber que en Colosas alguien estaba tratando de introducir falsas doctrinas.

El propósito de Pablo, aparentemente a petición de Epafras, es refutar esas falsas doctrinas. Luego, esta carta es menos personal que la que acabamos de estudiar a los filipenses, escrita a una iglesia en que Pablo tenía tantos discípulos y amigos.

JUZGUE: Al leer esta carta, sobre todo en contraste con Filipenses, quizá nos sorprenda el que Pablo tome el tiempo para escribir a una iglesia en la que al parecer conocía muy pocas personas, y que había resultado del ministerio de otra persona. Pero quizá allí esté uno de los secretos del crecimiento del cristianismo en aquellos primeros siglos: los creyentes se consideraban miembros de una sola familia y una sola iglesia.

◗ ¿Ha tenido usted la experiencia de encontrar en algún lugar lejano o inesperado a un hermano o hermana en la fe?

Entre aquellos de nosotros que somos inmigrantes, y sobre todo los que llegaron a este país desprovistos de recursos, de trabajo y hasta de documentos, no es raro encontrar historias de cómo una persona a quien ni siquiera conocíamos nos ayudó.

Un tío mío llegó a Miami sin un centavo. No quería que el maletero llevara su maleta, pues no tenía con qué darle propina. Pero el maletero, viendo que mi tío era mayor y no estaba bien de salud, y aunque se le dijo que no recibiría propina, insistió en llevar la maleta. En el camino hablaron de su fe. Al llegar adonde iban, el maletero sacó un billete de su cartera, se lo dio a mi tío, y le dijo, «mi hermano en Cristo, hoy soy yo quien debo darle una propina a usted». Creo que hoy mi tío y aquel maletero, el uno un cubano exiliado y el otro un afro-americano pobre, cantan juntos en el coro celestial.

ACTÚE: Recuerde cuánto bien ha recibido usted de hermanos y hermanas en la fe, personas desconocidas que sin embargo le amaron por el amor de Jesucristo. Resuelva hacer algo por alguna persona a quien usted apenas conoce, o no conoce del todo. Hágalo en memoria de todo lo que usted ha recibido de otras personas, y en celebración del amor con que Cristo nos une, aun a través de las distancias.

Quizá usted quisiera hablar con su pastor o pastora, y preguntarle cómo hacer llegar algún dinero u otros recursos a personas necesitadas en algún país lejano. La iglesia tiene los contactos necesarios para hacer esto, y no los aprovechamos tanto como debíamos.

Segundo día   *Lea* Colosenses 1:3-14

VEA: En las cartas de esa época, era costumbre, tras dar el nombre de quien escribía y saludar a los destinatarios, incluir una invocación a los dioses, rogando por el bienestar de quien recibiría la carta. Lo que Pablo incluye aquí es parecido, pero distinto. Es distinto, en primer lugar, porque no se trata de una petición a los dioses, sino de peticiones al Dios único. Y es distinto además porque en lugar de pedir salud y prosperidad para sus lectores, Pablo da gracias a Dios por lo que ya han recibido. Y lo que pide no es salud y prosperidad, sino «conocimiento», «sabiduría» e «inteligencia espiritual» (1:9). En cuanto a lo primero, lo que los colosenses han recibido, note que aquí, aunque no en el mismo orden, Pablo se refiere a la misma fe, esperanza y amor que en 1 Corintios 13:13 (Col. 1:4 y 5).

Como ya hemos mencionado, y explicaremos más adelante con más detalles, el problema en Colosas que llevó a Pablo a escribir esta carta era la existencia de falsas doctrinas que amenazaban el centro mismo de la fe. Fue por eso que Epafras le pidió a Pablo que escribiera. Y es por eso que, cuando Pablo eleva sus peticiones por los colosenses, lo que pide es que tengan conocimiento, sabiduría e inteligencia—es decir, que no se dejen engañar por falsas doctrinas.

Note que la razón por la cual todo esto es tan importante es que constituye la base sobre la cual los colosenses podrán andar «como es digno del Señor, agradándole en todo, llevando fruto en toda buena obra». Es decir, que el propósito de la recta doctrina no es sólo la doctrina misma, sino la vida cristiana, la obediencia a Dios.

JUZGUE: ¿Por qué cree usted que Pablo subraya tanto la necesidad de que los colosenses tengan conocimiento, sabiduría e inteligencia? A veces pensamos que lo importante en la vida cristiana es que hagamos el bien, que tengamos fe, que tratemos de ser fieles. Y todo esto es importante. El problema es que, si nuestro entendimiento del evangelio está seriamente equivocado, también lo estarán nuestros esfuerzos de ser obedientes. Sin conocer lo que es el evangelio, sin tener la sabiduría necesaria para vivirlo en diversas circunstancias, y sin la inteligencia para distinguir entre la falsa doctrina y la verdadera, la obediencia cristiana se hace muy difícil, por muy buena voluntad que tengamos.

Más adelante en este estudio veremos cuál era el error principal de los colosenses, y qué tiene que ver con nosotros y nuestra situación.

Por lo pronto, sin embargo, pregúntese: *Ahora que llevo varias semanas estudiando la Biblia cuidadosa y sistemáticamente, ¿me ha ayudado esto a entender el evangelio mejor? ¿Me ha ayudado a ser más fiel y más obediente?*

ACTÚE: Puesto que este pasaje nos indica la importancia del conocimiento, la sabiduría y la inteligencia, ésta es una buena ocasión para evaluar el tiempo que usted ha pasado estudiando la Biblia EN LA ESCUELA DE LA PRISIÓN.

Pregúntese: *¿He sido suficientemente fiel en mi estudio? ¿Qué obstáculos o dificultades he encontrado? El tiempo que he apartado para mi estudio, ¿es el mejor? ¿es suficiente? El lugar que he designado para mi estudio, ¿es el más adecuado?*

Piense en los cambios que usted deba hacer para que su estudio sea más efectivo. Anótelos en su cuaderno y aplíquelos.

Tercer día   *Lea* Colosenses 1:15-20

VEA: En este pasaje, Pablo pasa a decir algo acerca del Hijo a quien se refirió al final del pasaje anterior. El Hijo es «la imagen del Dios invisible». Parte de lo que esto quiere decir es que, aunque Dios es invisible, en el Hijo podemos verle. Es además «el primogénito de toda creación». Esto quiere decir que el Hijo es anterior a toda criatura, que no es algo de última hora. Pero también, si recordamos el derecho de primogenitura en la antigüedad, quiere decir que el Hijo tiene preeminencia y soberanía sobre toda la creación.

Palabras tales como *todo* y *toda* constituyen el centro de este pasaje, y aparecen repetidamente en esta epístola. (Así como la palabra típica de Filipenses es *gozo*, así la palabra típica de Colosenses es *todo*.) Note que todo lo creado, sea visible o invisible, terrenal o celestial, ha sido creado en el Hijo.

En el versículo 16 Pablo afirma que entre las cosas creadas en el Hijo se cuentan los «tronos», «dominios» y «potestades». Éstos eran nombres que se les daban a diversas categorías de ángeles o de seres celestiales. Algunas personas pensaban que esos seres celestiales moraban en los astros, y desde allí gobernaban la vida humana a su capricho. Pero Pablo rechaza tal idea. Si hay tales seres, todos ellos han sido creados en el Hijo y para él. No tienen autoridad independiente. Ciertamente no gobiernan el mundo a su capricho.

JUZGUE: Hay muchas personas que, cuando se levantan por la mañana, lo primero que hacen es consultar el horóscopo para el día. Otras piensan que el signo del zodíaco bajo el cual cada cual nació de algún modo determina su destino. La idea que se encuentra tras tales prácticas es la misma que Pablo ataca en este pasaje: se piensa que de algún modo misterioso los astros gobiernan la vida y el destino humanos.

¿Qué cree usted que Pablo diría sobre esto? Ciertamente le parecería un grave error, pues se olvida de que, si hay poderes ocultos, todos esos poderes, como el resto de la creación, son inferiores al Hijo. Para los colosenses, creer que los «principados» dominaban su vida era negar el señorío universal de Jesucristo. ¿No será lo mismo para nosotros, cuando andamos creyendo en horóscopos y en poderes ocultos en los astros?

ACTÚE: ¿Es usted de las personas que consultan el horóscopo, aunque sea a modo de pasatiempo? ¿Es usted de quienes creen en adivinos, lectores de las palmas de la mano, de hojas de té, de barajas o cosas semejantes? Si tal es el caso, lea de nuevo el versículo 16. Pídale a Dios que le ayude a ver y aceptar el señorío de Jesucristo por encima de todas las cosas, y a dejar a un lado todas estas supersticiones que en fin de cuentas son negaciones de ese señorío.

Si no es usted de las personas que consultan el horóscopo, piense sobre cualquier otra cosa en su vida que amenace con ocupar el lugar que le corresponde únicamente al «primogénito de toda creación». Puede ser el dinero, o su prestigio personal, o su trabajo. Estas cosas no son malas. (Pablo no dice que los «tronos» y «potestades» sean malos. Lo que dice es que todos han de estar bajo el señorío de Cristo.) Lo que es malo es darles un poder independiente del señorío de Cristo.

Haga una lista de esas cosas. Copie el versículo 16, pero poniendo esas cosas en lugar de los «tronos» o «potestades», entre otras. Léalo en voz alta y anote sus reflexiones.

Cuarto día *Lea* Colosenses 1:15-20

VEA: Estamos volviendo a estudiar el pasaje de ayer, aunque ahora añadiéndole otros versículos. Lo hacemos porque este pasaje es fundamental para entender el mensaje de Colosenses.

Decíamos ayer que palabras tales como «todo», «toda», «todas», y otras parecidas, aparecen repetidamente en Colosenses. Lea el pasaje de hoy, subrayando esas palabras cada vez que aparecen.

Al parecer, las falsas doctrinas que habían penetrado en la iglesia de Colosas sostenían que algunas cosas tenían que ver con Dios y con el Hijo, y otras no. Unas cosas eran creación divina, y otras no. Unas cosas eran objeto del amor divino, y otras no. Unas cosas tenían un lugar en el plan divino, y otras no. Es por esto que Pablo insiste en que el Hijo es el primogénito de *toda* la creación, en quien fueron creadas *todas* las cosas. Y esto no incluye sólo las cosas visibles, sino también las invisibles; no sólo las celestiales, sino también las terrenales. Lo que es más, el propósito de Dios es reconciliar consigo *todas* las cosas.

En época de Pablo había muchas doctrinas que sostenían que solamente las cosas inmateriales e invisibles eran buenas, y que las cosas físicas eran malas; que el alma, por ejemplo, era buena, pero que el cuerpo era malo. Quizá ésas eran las doctrinas que circulaban en Colosas y que le causaban preocupación a Epafras. En todo caso, lo que Pablo dice es que *todas* las cosas han sido hechas en el Hijo, y que él ha de tener preeminencia en todo.

JUZGUE: ¿Conoce usted doctrinas semejantes a las que parecen haber circulado en Colosas?

Algunas personas piensan que Dios solamente se interesa en las cosas «espirituales», y que el cuerpo o no le interesa o le interesa poco. ¿Qué cree usted que diría Pablo sobre eso? ¿No diría que el cuerpo, tanto como el alma, es creación de Dios, y que sobre todas ellas el Hijo ha de tener preeminencia?

El «conocimiento», «sabiduría» e «inteligencia» que Pablo desea que los colosenses tengan, y que nosotros también debemos tener, nos debe hacer ver que tanto el cuerpo como el alma son de Dios, que Dios se interesa por ambos, y que hacemos mal ocupándonos sólo de uno de los dos y olvidando el otro.

Cuando descuidamos ese conocimiento, corremos el riesgo de ser desobedientes al tiempo que nos creemos que somos muy religiosos. ¿No será por eso que hay cristianos que se ocupan mucho de ir a la iglesia y de adorar, pero que cuando ven al vecino hambriento hacen poco por socorrerle?

ACTÚE: Mire en derredor suyo. Haga una lista de las cosas que vea, tales como muebles, enseres, vehículos, animales y plantas. Piense ahora en algunas cosas que no ve y añádalas a la lista: aire, espíritu. Cuando tenga una lista de doce o quince cosas, vaya leyendo la lista lentamente y diciéndose: «Dios lo hizo. Es bueno. Es para Dios».

Termine *orando* así:

Te doy gracias, Dios mío, por la maravillosa creación que has hecho. Te doy gracias por lo que me gusta. Y te doy gracias por lo que no me gusta. Te doy gracias porque todo es tuyo. Y te pido que me des conocimiento, sabiduría e inteligencia para usarlo todo según tu santa voluntad. Por Jesús, tu Hijo, en quien todas las cosas fueron hechas. Amén.

Quinto día   *Lea* Colosenses 1:21-23

VEA: Tras hablar sobre todo el resto de la creación, Pablo se vuelve hacia los colosenses, y les dice: «Y a vosotros también». Al leer esto en el contexto de lo que hemos estudiado los últimos dos días, vemos que quiere decir mucho más de lo que a menudo imaginamos. Cuando Pablo dice «también» para referirse a los colosenses, no quiere decir que esto les ha llegado a ellos al igual que a los filipenses y los corintios, entre otros. Lo que quiere decir es mucho más. Pablo acaba de hablar de cómo *todas* las cosas son parte del plan de Dios, y ahora les dice a los colosenses que ellos también son parte de ese plan.

Cuando leemos el texto así, vemos que lo que Pablo les está diciendo a los colosenses—y lo que dice en otros lugares sobre sí mismo—es que si hay algo que debe sorprendernos es el hecho de que *nosotros* somos parte del plan de Dios, que *nosotros*, a pesar de lo que somos y lo que hemos hecho, también tenemos esperanza bajo el señorío del Hijo en quien *todas* las cosas—aun *nosotros*—fueron hechas y en quien *todas* encuentran su culminación.

JUZGUE: Lea el pasaje, cambiando la palabra «vosotros» por *nosotros* o *nosotras*. Vuélvalo a leer, cambiándola ahora por su nombre. Léalo hasta que sienta que es a usted que se refiere lo siguiente:

Y a ti también, que eras en otro tiempo extraño y enemigo en tu mente, haciendo malas obras, ahora te ha reconciliado en su cuerpo de carne, por medio de la muerte, para presentarte santo y sin mancha e irreprensible delante de él.

¿Por qué cree usted que es importante que reconozcamos que no merecemos la gracia que hemos recibido? ¿No será porque solamente así aprenderemos a aceptar y a amar a otras personas que de otro modo nos parecerían menos aceptables o menos dignas de amor?

Piense en la persona más indigna que usted conozca. Recuerde que esa persona también es criatura de Dios, hecha en el Hijo en quien todas las cosas fueron hechas. Si Dios se dignó amarle a usted y reconciliarse con usted en Jesucristo, ¿qué excusa puede usted tener para no perdonar a esa persona, para no amarle, para no invitarle a aceptar al mismo Jesús que le ha salvado a usted?

ACTÚE: Hable con otras personas en su comunidad de fe sobre el modo en que ustedes han sido salvos por gracia. Discuta con esas personas qué podemos hacer para que otras tengan la misma experiencia. Haga planes concretos para visitar e invitar a algunas de las personas menospreciadas del barrio, a quienes nadie visita o invita. Recuerde que al hacer esto no hace usted más que lo que el Señor hizo con usted y con cada creyente, al venir a visitarnos y a manifestarnos su amor.

Sexto día   *Lea* Colosenses 1:24-25

VEA: Otra vez, como antes en la Epístola a los Filipenses, aparece el tema del gozo. Si pensamos que Pablo escribió estas dos cartas casi al mismo tiempo y desde la misma ciudad, no ha de sorprendernos el que aparezcan temas semejantes, aunque Colosenses sea más teológica y doctrinal.

Aquí, al igual que en Filipenses, este gozo no se contrapone necesariamente al sufrimiento. Al contrario, lo que Pablo dice es que «me gozo en lo que padezco». Sus padecimientos son el motivo de su gozo. Pero esto no se debe a que le guste sufrir, sino a que sufre por los colosenses y por todos los demás cristianos.

La idea de que Pablo cumple en su carne lo que falta de las aflicciones del cuerpo de Cristo puede sorprendernos. Lo que Pablo quiere decir no es que él sufra lo que a Cristo le faltó sufrir, sino que él sufre el sufrimiento que todavía le falta a la iglesia. Si la iglesia ha de sufrir, Pablo se alegra de que esos sufrimientos vengan sobre él.

Es de esa iglesia que sufre, y que todavía tiene que sufrir, que Pablo ha sido hecho ministro. Su ministerio o servicio a la iglesia incluye tanto anunciar la Palabra de Dios como sufrir por esa Palabra y por la iglesia.

JUZGUE: ¿Cree usted que a Pablo le gustaba sufrir? ¿Por qué dice que se goza en sus sufrimientos? ¿Se ha gozado usted alguna vez en sus propios sufrimientos, no porque le gustaran, sino porque en cierto modo eran alivio para otra persona? (Si usted es padre o madre, piense en las noches de desvelo con algún hijo enfermo. El desvelo no le gustó, pero lo hizo con gusto y hasta con gozo, por el amor que le tenía al pequeño.)

Seguramente habrá en derredor suyo muchas personas que sufren. ¿Qué puede hacer usted para llevar al menos parte de su carga, o para aliviarles, como Pablo sufría por la iglesia?

En ese contexto, piense en los siguientes dos ejemplos:

☞ Primero, hay una hermana enferma en la iglesia, madre sin esposo, a la cual se le hace difícil cuidar de sus hijos e hijas. ¿Cómo podría usted aliviarle su carga, aunque fuera aumentando en algo la suya?

☞ Segundo, en un campo cercano hay personas dedicadas a recoger cosechas a quienes se les paga muy poco y a quienes no se les proveen ni las más mínimas necesidades. Están haciendo huelga para lograr mejores condiciones de trabajo. Si usted se les une, muchos le criticarán. ¿Qué puede hacer usted que sea de algún modo cumplir algo de lo que falta de las aflicciones de esas personas?

ACTÚE: Busque en torno suyo alguna persona o grupo de personas que sufra por enfermedad, por injusticia humana o por cualquier otra razón. Piense en cómo podría usted aliviar la carga de esas personas. Piense también en lo que le costaría, en tiempo, preocupaciones y quizá hasta de sufrimiento. Anote el costo que usted esperaría pagar. Ore al respecto, y cuando llegue a esa decisión, escríbala en su cuaderno:

«Ayúdame, Señor, a aliviar en algo los sufrimientos de _____, aunque ello sea a costa de mi propio sufrimiento.»

Haga de esas palabras su oración, hasta que halle respuesta.

Séptimo dia   *Lea* Colosenses 1:26-29

VEA: La Palabra de Dios que Pablo proclama es un «misterio que había estado oculto desde los siglos y edades, pero que ahora ha sido manifestado a sus santos». Es importante detenernos a examinar estas palabras, para ver el alcance cósmico de la Epístola a los Colosenses. Ya hemos dicho que, de igual modo que la palabra típica de Filipences es *gozo*, así también la palabra típica de Colosenses es *todo*. Si Filipenses ve las cosas, por así decir, desde aquí abajo, en pequeño, y trata sobre el gozo y los sufrimientos de los creyentes, Colosenses las ve «en grande», desde arriba, como si Pablo y sus lectores fuesen espectadores del drama de las edades. Ese drama lo incluye todo: las cosas visibles y las invisibles, las celestiales y las terrenales. E incluye también todos los tiempos, «desde los siglos y edades».

En ese gran drama cósmico, la clave es el «misterio» que se ha revelado a sus santos (es decir, a los cristianos). Lo que Pablo afirma aquí (y, como veremos más adelante también en Efesios) es que toda la creación fue hecha *en* y *por* el Hijo, que toda la historia se ha desenvuelto en torno al misterio de la venida del Hijo, y que ese misterio que es la clave de la creación y de la historia es que Cristo es en nosotros «la esperanza de gloria».

Cristo no es entonces solamente el Salvador, sino el principio y el fin de toda la creación. Es por eso que la palabra *todo* resulta tan importante en esta epístola: olvidarse de ella, como si Cristo fuera principio y fin solamente de algunas cosas, es negar el señorío absoluto del Hijo. Pretender que hay cosas que caen fuera del ámbito de la creación en el Hijo, equivale a decir que hay otro creador, otro principio, y por tanto otro fin.

Es por esto que Pablo anuncia a Cristo, según lo afirma en el versículo 28, pero sobre todo es por eso que Pablo tiene poder para esa proclamación. Note que al final del pasaje que estudiamos Pablo afirma que actúa «según la potencia de él, la cual actúa poderosamente en mí». Esta potencia, según hemos visto, es la misma por la cual fueron hechas todas las cosas, visibles e invisibles, en la tierra y en el cielo, desde el principio de los siglos y las edades. ¡No ha de sorprendernos, por tanto, el que la predicación de Pablo sea tan poderosa, cuando está apoyada en un poder tal!

JUZGUE: ¿Cree usted que tiene importancia para nuestra vida cristiana lo que pensamos acerca del Cristo al cual servimos? Suponga, por ejemplo, que usted crea en un Cristo de escaso poder, que solamente tiene potestad sobre una parte del mundo, pero no sobre el resto. ¿Se atreverá usted a ir a esa otra parte del mundo, para allí proclamarle y servirle? ¿O se quedará donde está, pensando que es el único lugar seguro donde goza de la protección del Señor? Si Cristo es como un árbol que nos protege del vendaval en medio de un desierto hostil, ciertamente hacemos bien refugiándonos bajo él y negándonos a salir a la intemperie.

O suponga que su Cristo sea Creador y Sostenedor sólo de los espíritus, pero no de los cuerpos. ¿Se ocupará usted de sanar los cuerpos enfermos con igual ahínco que de sanar las almas enfermas? ¿O pensará que el alma es lo que le importa a la iglesia, y que del cuerpo es mejor que se ocupen otras instituciones? Si Cristo es Señor únicamente del mundo espiritual, le estamos dejando el mundo material al Enemigo.

Cuando en su iglesia se habla de la misión de la iglesia, o de las obligaciones de los fieles, ¿se habla en términos de un Cristo que es «el primogénito de toda creación», «en quien fueron creadas todas las cosas»? ¿O se habla en términos de un Cristo pequeñito, que solamente se interesa en parte de la creación?

Un hermano dice: «Yo soy cristiano, y asisto a la iglesia. Pero el modo en que me gano mi dinero, y el modo en que lo gasto, es asunto mío». Lo que tal hermano está diciendo es que Cristo es Señor de todo, menos de sus bienes y su dinero.

Otra hermana dice: «Yo soy cristiana, pero que no me digan que perdone a fulana, pues me hizo tal y cual cosa». Lo que esa hermana está diciendo es que Jesús es Señor de todo, menos de sus sentimientos.

Un pastor dice: «Lo que ustedes los cristianos tienen que hacer es venir a la iglesia, apoyar sus programas y contribuir para los gastos de la iglesia. En eso consiste la vida cristiana». Lo que ese pastor está diciendo es que Jesucristo es Señor de la iglesia, pero no del resto del mundo y de la vida.

Cada persona tiene algún aspecto de la vida que quiere conservar para sí, sin entregárselo a Jesús. Para unos es el dinero; para otros, el trabajo; para otros, su vida familiar; para otros, sus convicciones políticas. Sea lo que fuere, si hay algún aspecto de la vida sobre el cual nos reservamos el derecho de reinar, es que no hemos comprendido, o no vivimos a cabalidad, las palabras de Pablo: «él es la cabeza del cuerpo que es la iglesia, él que es el principio, el primogénito de entre los muertos, para que en todo tenga la preeminencia».

ACTÚE: En cierto modo, el estudio de hoy es un repaso de lo que hemos estudiado durante el resto de la semana, y de lo que *todo* y *toda* significan en Colosenses. Por lo tanto, empiece por repasar lo que hemos estudiado, sobre todo las reflexiones que usted haya escrito en su cuaderno.

A partir de esas reflexiones y ese repaso, pregúntese: *¿qué áreas hay en mi vida donde no se ve claramente que Jesucristo es el Señor de toda la creación?*

Vaya haciendo un inventario y escribiendo sus reflexiones. Piense, por ejemplo, en el dinero y el modo en que usted lo maneja, en el uso que hace del tiempo, en su trabajo y el bien que le hace o no le hace al resto de la humanidad y en sus relaciones familiares, entre otras cosas.

Tras un tiempo de meditación sobre cada uno de éstos, entrégueselo a Dios con unas palabras de oración silenciosa. Anote sus resoluciones y lo que le ha entregado a Dios.

PARA EL ESTUDIO EN GRUPO: Pídales a los participantes que lean 1 Corintios 1 con cuidado, marcando cada vez que aparece la palabra *todo, toda,* y así sucesivamente. Cuando todos hayan teminado este ejercicio, pregúnteles por qué creen que esa palabra aparece tantas veces en el texto. Si le parece que tal cosa pueda ser útil, lea el texto en voz alta, pero diciendo «algún» donde Pablo dice «todo», y «algunas» donde dice «todas». El contraste resultará claro, y se verá por qué Pablo insiste en «todo».

Esa extraña lectura del texto, diciendo «algunas cosas» en lugar de «todas las cosas», puede servir de comienzo en nuestro intento de aplicar la lección a las circunstancias de hoy, y en particular a las vidas de los participantes.

Esa lectura puede causar sonrisas. Quizá hasta alguien piense que se le ha faltado el respeto a la Escritura, y se muestre ligeramente ofendido. Sin embargo, indique que se trata de cosa bien seria, pues, aunque leamos el texto como lo escribió el apóstol Pablo, diciendo «todas las cosas», lo cierto es que nosotros vivimos como si Pablo hubiera dicho «algunas cosas» o «casi todas las cosas».

Lleve al grupo a una discusión, tratando de determinar qué elementos de la vida son los que con más frecuencia nos reservamos, sin permitir que Cristo tenga la preeminencia. Esto puede incluir tanto elementos de la vida personal (el dinero, las relaciones con los demás, la carrera, el trabajo) como elementos en la vida de la iglesia (el modo en que la iglesia hace sus planes, determina su presupuesto, nombra sus comités, entre otros).

Si el tiempo lo permite, haga una lista de estos elementos de nuestras vidas que no le entregamos al Señor. Escoja entonces uno de ellos y pregúntele al grupo cómo serían las cosas si le permitiéramos a Cristo tener la preeminencia sobre ese aspecto de nuestras vidas.

◗ ¿Qué cambiaría?

◗ ¿Qué consecuencias traerían esos cambios?

◗ ¿Será por temor a esas consecuencias que nos negamos a permitirle al Señor que gobierne esos aspectos de nuestras vidas?

Sexta semana

VEA: Pablo habla de una gran «lucha». No está claro exactamente en qué consiste esta lucha. Ciertamente, Pablo nunca había estado en Colosas ni en Laodicea (la otra ciudad que menciona aquí). Ni tampoco sabemos que hubiera en Roma, o donde fuera que Pablo estaba preso, enemigos de las iglesias en esas dos ciudades. Luego, no se trata de una lucha en el sentido de que estuviera peleando con alguien. La lucha es más bien espiritual y doctrinal. Quizá sería mejor traducirla por «agonía». Pablo sufre dolores como de agonía al saber que las iglesias de Colosas y de Laodicea han sido penetradas por falsas doctrinas que amenazan el centro del evangelio. Luego, lo que debemos imaginar es a Pablo en prisión, rogando ardientemente por el bienestar de esas iglesias, y tratando de determinar qué ha de decirles que pueda serles de utilidad y salvarlas del peligro que las amenaza.

Por lo pronto, lo que Pablo hace es insistir en el contraste entre la verdadera sabiduría y las falsas doctrinas que han invadido esas comunidades. Los maestros de tales doctrinas pretendían tener un conocimiento oculto, una sabiduría especial, un conocimiento particular de los misterios de Dios. Es por eso que Pablo utiliza esas palabras, pero en un contexto muy distinto: «hasta alcanzar todas las riquezas de pleno *entendimiento*, a fin de *conocer* el *misterio* de Dios el Padre, y de Cristo, en quien están escondidos todos los tesoros de la *sabiduría* y del *conocimiento*». Y añade que dice esto «para que nadie [les] engañe con palabras persuasivas».

Todo termina con el versículo 5, lleno de fe y de confianza, donde Pablo señala que, aunque físicamente ausente, está presente en espíritu, gozándose en las buenas cosas que suceden en Colosas. Luego, aunque preocupado por lo que sucede allí, Pablo cuida de no dar por sentado que todos los colosenses han caído en el error.

JUZGUE: A través de la disciplina de estudios bíblicos que usted está desarrollando, llegará a saber cada vez más de la doctrina bíblica. En particular, este estudio de Colosenses le ayudará a ver que el señorío de Jesucristo es mucho más amplio de lo que a menudo suponemos. A través de estas semanas, usted irá aprendiendo cada vez más de la verdad de Dios.

Es muy probable que pronto usted se percate de que algunas de las prácticas, creencias o actitudes de algunas personas se parecen a las de aquellos falsos maestros que invadieron la iglesia de Colosas. En tal caso, ¿cuál ha de ser su actitud? ¿Dejará usted que continúen las falsas doctrinas, sencillamente para evitar problemas? ¿Se dedicará a atacarlas con tanto ahínco que su propia vida se amargará, y por lo tanto caerá usted también en el error? ¿Qué nos enseña respecto a las falsas doctrinas el ejemplo de Pablo? Note que la lucha de Pablo no es contra los falsos maestros, en el sentido de que ande atacándolos. Su lucha es contra la falsa doctrina, y responde a ella sencillamente con la verdadera doctrina y con el amor.

ACTÚE: La mejor acción ante el texto que estudiamos es la oración. Ore, en primer lugar, que Dios le ayude a crecer en sabiduría y conocimiento de la verdad. Ore, en segundo lugar, que Dios le ayude a distinguir entre las cuestiones menores, en la cuales alguien puede equivocarse sin mayores consecuencias, y las cuestiones centrales, en las cuales el error puede descarriar a la iglesia y a sus fieles. Ore, en tercer lugar, por aquellas personas que enseñan o aceptan doctrinas que verdaderamente amenazan o niegan el evangelio de Jesucristo. Y ore por último por usted, que Dios le ayude a oponerse a esas doctrinas con sabiduría y con amor, con firmeza y con mansedumbre.

Segundo día   *Lea* Colosenses 2:6-15

VEA: Pablo continúa exhortando a los colosenses a permanecer en la fe, y rechazar las falsas doctrinas que están tratando de infiltrarse en la iglesia. Aunque él no esté presente, los colosenses deben permanecer firmes en lo que han aprendido: «de la manera que [han] recibido al Señor Jesucristo, andad en él».

Los falsos maestros trataban de convencer a los creyentes «por medio de filosofías y huecas sutilezas». Parece que les decían que tenían que circuncidarse; y es por eso que Pablo les dice a los colosenses que han recibido una «circuncisión no hecha a mano». También parece que sembraban temor respecto a los principados y potestades; es decir, los poderes espirituales; y es por eso que Pablo les dice que Cristo ha despojado a los principados y las potestades, y que «los exhibió públicamente, triunfando sobre ellos en la cruz».

Porque Cristo lo es todo, las doctrinas de estos falsos maestros son inaceptables. Pretender, por ejemplo, que hay que circuncidarse es negar lo que Cristo ha hecho, «anulando el acta de los decretos que había contra nosotros, que nos era contraria, quitándola de en medio y clavándola en la cruz» (versículo 14).

Porque Cristo es «la cabeza de todo principado y potestad» (versículo 10), y los ha despojado y derrotado (versículo 15), no hay por qué temerles.

JUZGUE: El texto que estamos estudiando nos advierte de peligros en las siguientes dos direcciones:

◗ En primer lugar, hay algunos cristianos que, como los judaizantes de antaño, quieren un cristianismo más estricto, más legalista, con más requisitos.

◗ En segundo lugar, hay cristianos que piensan que, aunque Cristo es Señor de todo, no hay daño alguno en resguardarse de los poderes malignos y malas influencias que pueda haber.

Al parecer estas dos tendencias son opuestas, pues una busca un cristianismo más estricto, y la otra está dispuesta a aceptar toda clase de supersticiones. Pero lo que las une es que ambas tendencias quitan a Cristo del centro. Los legalistas ponen sus leyes en lugar de Cristo. Los supersticiosos se olvidan de que en Cristo todos los poderes malignos han sido vencidos.

¿Está usted en peligro de caer en alguno de estos dos errores? ¿Es usted de esas personas para quienes el cristianismo no es sino una serie de leyes estrictas, como si lo importante fuera cumplir esas leyes, y no Cristo? ¿O es usted de esas personas que al mismo tiempo que se llaman cristianas, conservan supersticiones y prácticas que dan a entender que, después de todo, no están tan seguras del señorío absoluto de Jesucristo?

ACTÚE: Vuelva a leer el párrafo anterior. Haga un cuidadoso examen de su vida y de su fe. ¿Es verdaderamente Cristo *todo* para usted? ¿Cree usted en un Cristo que es el primogénito de *toda* creación, y en quien *todas* las cosas han sido hechas?

Ore:
Señor, enséñame a confiar en Cristo y sólo en él. Dame la fe para no tratar de apoyarme en falsos dioses, en legalismos o en cosa alguna que no sea Jesucristo y su poder. En su nombre oro. Amén.

Tercer día   *Lea* Colosenses 2:16-17

VEA: Note que la palabra «nadie», que aparece en lugar tan prominente en el versículo 16, también aparece en el pasaje que estudiamos ayer (versículo 8) y en el que estudiaremos mañana (versículo 18). En contraste con el *todo* y *todos* que aparece en todo el resto de la epístola, aquí Pablo recalca el *nadie*. Una cosa es la contraparte de la otra, pues es precisamente porque *todo* ha sido creado en Cristo que *nadie* (ni nada) tiene autoridad para apartarnos de él con falsas doctrinas o con requisitos superfluos.

En los versículos que estudiamos hoy, Pablo advierte a sus lectores contra las tendencias legalistas de los falsos maestros. Ya ayer le vimos advirtiendo contra quienes decían que los cristianos debían circuncidarse. Ahora les vemos rechazando las doctrinas de quienes creen que para ser fiel hay que ayunar ciertos días, o abstenerse de ciertos alimentos, o guardar algún día especial de fiesta, o un día particular de reposo. Pablo reconoce que todo esto era parte de la antigua ley. Pero era «sombra» o señal de lo que habría de venir. Ahora que tenemos la realidad («el cuerpo», dice Pablo, en contraste con la «sombra») ya no tenemos que sujetarnos a tales cosas.

JUZGUE: ¿Qué hemos de hacer con respecto a las muchas doctrinas que abundan en nuestros días, según las cuales para ser verdaderamente fiel a Cristo hay que sujetarse a las reglas del Antiguo Testamento? Por ejemplo, hay quienes insisten en que hay que guardar un día particular de la semana, o que está prohibido comer ciertos alimentos.

▶ ¿Qué hemos de responderles a tales personas?

Podemos discutir con esas personas a base de citas bíblicas y de argumentos de razón. Pero el argumento básico tiene que seguir siendo que quienes colocan tales doctrinas en el centro de su fe desplazan a Cristo de ese centro. Es por eso que tenemos que tener mucho cuidado, pues si ganamos el argumento, pero acabamos colocando otra doctrina u otro texto bíblico en el centro de nuestra fe, nada habremos ganado. El centro le corresponde a Cristo, y solamente a él.

En algunas de nuestras iglesias, aunque no se habla tanto de cumplir la ley del Antiguo Testamento, sí se insiste mucho en otras reglas. Por ejemplo, se insiste en que para ser fiel hay que abstenerse absolutamente del vino y otras bebidas alcohólicas.

▶ ¿Qué cree usted que Pablo diría al respecto? ¿Podremos encontrar un modo de afirmar que las bebidas alcohólicas, el tabaco y otras cosas parecidas hacen daño, y que es bueno abstenerse de las mismas, sin colocar esas cosas tan al centro de nuestra fe que oculten la victoria de Cristo?

Vuelva a leer lo que dice Pablo en el versículo 14: que Cristo anuló la ley «que nos era contraria, quitándola de en medio y clavándola en la cruz».

ACTÚE: Piense en algunas personas que usted conozca que insisten en reglas especiales de comida y bebida, o en la necesidad de guardar días especiales. A base de lo que hemos estudiado, si una de esas personas trata de convencerle, ¿qué cree usted que Pablo contestaría? ¿Qué respondería usted?
Escriba esa respuesta en su cuaderno de reflexiones.

Si, por otra parte, usted es de las personas que insisten en tales reglas, ¿qué cree usted que Pablo le diría? ¿Qué le contestaría usted? Escriba ese diálogo imaginario en su cuaderno de reflexiones.

Cuarto día   *Lea* Colosenses 2:18-23

VEA: Pablo continúa exhortando a los colosenses a que se guarden de falsas doctrinas que colocan otras cosas en el lugar que le corresponde sólo a Cristo. Una vez más, parece que se trata de «maestros» que pretenden saber cosas secretas acerca de los ángeles o de otras cosas que no le es dado al mortal conocer. Y al mismo tiempo esas personas, «afectando humildad», tratan de persuadir a los colosenses a seguir reglas especiales tales como «no manejes, ni gustes, ni aun toques . . . cosas que todas se destruyen con el uso». Hay una relación estrecha entre esto y lo que estudiamos anteriormente, que estas personas pensaban que unas cosas eran parte de la creación buena de Dios, y otras no. En efecto, si unas cosas son creación de Dios, y otras son el producto de algún principio del mal, habría que apartarse de esas cosas malas hechas por el dios malo.

El versículo 23 es difícil de interpretar. Quizá la mejor traducción sea la de *Dios habla hoy*, La Biblia Versión Popular (Segunda Edición), que no necesita más explicaciones:

«Es verdad que tales cosas pueden parecer sabias, porque exigen cierta religiosidad y humildad y duro trato del cuerpo, pero de nada sirven para combatir los deseos humanos».

JUZGUE: ¿Por qué cree usted que Pablo dice que esas prácticas de abstenerse de ciertas cosas como si fueran malas en sí mismas, sólo sirven para satisfacer los deseos humanos? ¿Será que hay en nuestro corazón pecaminoso el deseo de merecernos el amor de Dios? ¿Será que hay algo en nosotros que se rebela contra la idea de que la salvación venga de Dios como un don gratuito, y queremos ganárnosla? ¿Será que en fin de cuentas nos gustan esas prácticas porque alimentan nuestro orgullo? ¿Será por eso que Pablo dice que quienes se dedican a tales cosas tienen una falsa humildad (versículo 18)?

Si tales falsos maestros se hacen culpables porque con una falsa humildad se niegan a aceptar el don gratuito de Dios, y quieren ganárselo, ¿no seremos nosotros también culpables de lo mismo? Cuando inventamos reglas y más reglas, ¿no será eso lo que estamos haciendo?

ACTÚE: Piense detenidamente en la última pregunta de la sección anterior. Termine su sesión de estudio con una oración:

Te glorifico, Señor mío, Cristo Jesús, porque en ti habita toda la plenitud de Dios. Te doy gracias, porque tú has ganado para mí la victoria sobre todos los poderes del mal. Enséñame a confiar en ti, y solamente en ti, quien eres el todo en todos. Amén.

Quinto día   *Lea* Colosenses 3:1-11

VEA: El estudio de hoy lleva lo que vimos ayer a un plano distinto. Allí vimos que, si Cristo es todo en todo, esto tiene ciertas implicaciones para las doctrinas que sustentamos. Hoy veremos que tiene también implicaciones profundas para la vida que llevamos.

Pablo expresa este pensamiento de dos modos. Uno lo estudiaremos hoy, y el otro mañana. En el texto de hoy, el apóstol Pablo relaciona la vida nueva en Cristo con el hecho de haber muerto y resucitado con él. En el texto que estudiamos ayer, dice que los cristianos han sido «sepultados con él [Cristo] en el bautismo, en el cual [fueron] también resucitados con él» (2:12). Ahora aplica eso a la vida cristiana. Morir y resucitar con Cristo no es solamente cuestión de que se nos prometa la vida eterna después de la muerte. Es también cuestión de una vida nueva aquí y ahora.

El apóstol Pablo lo dice claramente: los cristianos estamos muertos, y nuestra verdadera vida está escondida con Cristo, esperando su manifestación final. Lo que eso quiere decir es que tenemos que vivir, no como quienes todavía viven en la vida vieja, sino como quienes de veras han muerto a los valores y principios de la vida anterior. Como muertos que somos, tenemos que hacer morir en nosotros todo lo que queda todavía de la vida vieja.

JUZGUE: ¿Qué cree usted que quiere decir eso de que hemos muerto, y que nuestra vida está escondida con Cristo? Si alguien dice que es cristiano, ¿puede serlo sin ser persona nueva, sin haber muerto con Cristo a la vida antigua? ¿Qué señales ha de dar tal persona de esa vida nueva?

Piense ahora en usted y su propia vida. ¿Qué señales da usted (no sólo al mundo, sino también para sí mismo) de que su vida ya no es la del común de las gentes, que a esa vida usted ha muerto, que su verdadera vida «está escondida con Cristo en Dios»?

ACTÚE: Haga una lista de todas las cosas que Pablo dice que hay que dejar o que hacer morir, tales como fornicación, impureza, pasiones desordenadas, mentira y enojo. Anótelas en su cuaderno de reflexiones. Tache aquellas cosas que usted no practique. Subraye aquéllas que usted sí practique.

Ore sobre cada una de ellas, diciendo:

Señor, en tu cruz tú crucificaste mi _____. No permitas que lo que tú mataste siga viviendo en mí.

Sexto día   *Lea* Colosenses 3:12-17

VEA: Ayer vimos que Pablo expresa la necesidad de que Cristo sea el centro de nuestras vidas mediante la imagen de haber muerto en Cristo, y tener nuestra vida escondida en él. El segundo modo en que Pablo expresa la necesidad de que Cristo gobierne todas nuestras vidas es mediante la imagen del vestido. Dejar la vida vieja es desvestirse de ella (3:9) y revestirse de la nueva (3:10). Pablo habla de «vestirse» tres veces en este pasaje.

Primero habla de un revestirse del ser humano nuevo, y nos dice que éste se va renovando «hasta el conocimiento pleno» (3:10). Luego nos habla de una serie de virtudes de que hemos de vestirnos (3:12-13). Y por último nos dice que sobre todo hemos de vestirnos de amor (3:14). En cierto modo, esto nos recuerda el pasaje más extenso en 1 Corintios 12 y 13, cuando Pablo, tras hablar de los dones del Espíritu, pasa a hablar de «un camino aun más excelente», que es el amor. Aquí también, tras dar una lista de virtudes, Pablo termina diciendo que el mejor modo de vestirse de Cristo es vestirse de amor.

JUZGUE: Hay un viejo dicho que afirma que «el hábito no hace al monje». Lo que esto quiere decir es que las apariencias engañan, y que porque alguien se vista de monje eso no quiere decir que cultive las virtudes que se supone el monje cultive.

Pero hay otro sentido en el cual la vestimenta es importante. En tiempos antiguos ningún soldado iba a la batalla sin armadura. Esto lo hacía, no para que le respetaran como buen soldado, sino porque su armadura era parte de su defensa contra las flechas del enemigo. Hoy, los jugadores en cualquier equipo de baloncesto tratan de tener un uniforme. No es que el uniforme les haga mejores jugadores, sino que mediante el uniforme quienes forman parte del mismo equipo pueden reconocerse mutuamente. Además, todos sabemos que cuando nos vestimos bien, nos sentimos mejor que cuando andamos sucios, aun cuando, en teoría al menos, sepamos que valemos lo mismo no importa cómo nos vistamos. Cuando estamos vestidos de limpio, tenemos cuidado de no andar entre el lodo.

En estos tres ejemplos, la vestidura cumple las siguientes tres funciones distintas: (1) sirve de defensa contra el enemigo, (2) nos ayuda a reconocer a los que son del mismo equipo, (3) y nos da un sentido de dignidad que nos aparta de la suciedad.

Piense en cada una de las virtudes que Pablo recomienda. ¿Cómo nos sirve de defensa contra el enemigo? ¿Cómo nos ayuda a reconocernos mutuamente con otras personas cristianas? ¿Cómo nos da un sentido de dignidad y nos aparta de la suciedad?

ACTÚE: En su cuaderno de reflexiones, haga una lista de las virtudes que Pablo recomienda. Examínese interiormente y póngase una calificación sobre cada una de ellas, del **1** al **10** (**1** si no la practica, **10** si la practica al grado máximo). Resuelva mejorar aquellos aspectos de la vida cristiana en que su nota es más baja. Vuelva a esta página cada pocos días para ver qué progreso ha hecho. Pero recuerde siempre que su salvación no depende de su virtud, sino del amor y la gracia de Dios.

Séptimo día   *Lea* Colosenses 3:18–4:1

VEA: Llegamos ahora a un pasaje que se presta a mucha discusión, pues en él se trata, entre otras cosas, de las relaciones entre las esposas y sus esposos. Pero antes de saltar a conclusiones sobre este pasaje, conviene que lo estudiemos con detenimiento, y que lo hagamos dentro del contexto de las estructuras sociales de la época. (Más adelante en esta misma serie de estudios bíblicos estudiaremos un pasaje parelelo y muy parecido en Efesios.)

Note en primer lugar que aquí se trata de tres pares, o relaciones entre personas: primero, de las esposas y sus esposos; segundo, de los hijos y los padres; tercero, de los siervos o esclavos (la palabra en griego es la misma) y sus amos. Todas éstas eran relaciones muy desiguales en la sociedad grecorromana, y para entender el texto tenemos que conocer algo de esas desigualdades.

En primer lugar, el matrimonio (la primera de las tres relaciones de que trata Pablo) era una relación muy desigual. El marido era el jefe de la casa, no sólo en el sentido de que mandaba, sino también en el sentido de que toda la propiedad y hasta los hijos le pertenecían. Difícilmente podía una mujer divorciarse de su marido—y aun entonces sólo con el apoyo de otros varones que intercedieran por ella. Pero el marido podía divorciarse de su esposa sin ninguna dificultad, con sólo decidirlo.

En tal caso, la esposa no podía oponerse, ni reclamar parte de la propiedad, ni pedir sostén económico. Más aún, en caso de divorcio los hijos le pertenecían al esposo, y la madre perdía todo derecho sobre ellos. Aunque en algunos círculos se consideraba de mal gusto, no era ilegal que el marido golpeara a la esposa o que le infligiera daño de otros modos. Frente a su marido, la mujer prácticamente no tenía derecho alguno.

La relación entre padres e hijos también era desigual. El hijo quedaba bajo el gobierno del padre de familia, no sólo mientras era pequeño, sino mientras el padre viviera. El padre era el único que podía tener propiedad, de modo que cualquier cosa que los hijos ganaran en realidad les pertenecía a los padres. Éstos tenían derecho de vida y de muerte sobre sus hijos. Lo que es más, cuando un hijo nacía, el padre no tenía siquiera que aceptarlo. Con sólo negarse a recogerlo del suelo, condenaba al recién nacido a ser expuesto a morir a la intemperie. Esto era legal, y era también práctica común. Frente a su padre, un hijo—aun un hijo ya mayor—no tenía derecho alguno.

Lo mismo sucedía en la relación entre amos y esclavos. Aquí también todos los derechos les pertenecían a los amos. Tanto era así, que si un esclavo mataba al amo, la ley estipulaba que todos los esclavos del mismo amo, aunque estuvieran en otra ciudad a cientos de kilómetros de distancia, debían ser muertos. Los esclavos, como los hijos y las esposas, tampoco podían tener propiedades. (En algunos casos, un amo podía permitirle a un esclavo tener algún dinero; pero aun en esos casos todo quedaba a disposición del amo.)

Además, había leyes estrictas que limitaban las condiciones bajo las cuales un amo podía concederle la libertad a un esclavo. Y aun cumplidas esas condiciones, el esclavo no se volvía «libre», sino «liberto», que era una condición inferior a la de la persona libre. Era sólo en la próxima generación que los hijos de un liberto recibían el título de «libres». Aun en ese caso, seguían siendo «clientes» de la familia del antiguo amo de sus antepasados—lo cual les obligaba a ciertos servicios que el ciudadano absolutamente libre no tenía que prestar.

Es en medio de esa sociedad y esas condiciones que Pablo escribe estas palabras sobre las relaciones entre esposos y esposas, padres e hijos, amos y esclavos.

Note entonces que lo que Pablo les pide a las personas más débiles en cada una de esas relaciones no es más que lo que de todos modos tenían que hacer en esa sociedad: las esposas han de sujetarse a sus maridos; los hijos han de obedecer a sus padres; y los esclavos a sus amos.

Pero lo que Pablo les dice a las personas más poderosas en cada una de esa relaciones es sorprendente y hasta revolucionario en esa sociedad: los maridos han de amar a sus mujeres, y no ser ásperos con ellas; los padres no han de exasperar a los hijos; y los amos han de ser justos y rectos con los esclavos o siervos. Lo que es más, ¡los amos han de recordar que ellos también tienen un amo! En cierto sentido, ¡los amos son esclavos o siervos de un Amo superior, que les manda que sean justos con sus propios esclavos!

JUZGUE: Imagínese que usted es una mujer casada en aquella sociedad. Su marido, que a veces abusa de usted, también está en la congregación. Cuando usted escucha estas palabras, ¿qué pensará? ¿Qué pensará su marido?

Repita el mismo ejercicio, imaginándose ahora que usted es el marido. Continúe haciendo lo mismo, ocupando por orden los papeles de hijo, padre, esclavo y amo.

◗ ¿Le parece ahora que lo que Pablo dice es conservador, o que es revolucionario?

Anote sus reflexiones.

ACTÚE: Piense en alguna relación desigual en que usted esté. Trate de pensar primero en alguna situación en la que usted es la persona con autoridad (por ejemplo, si es usted jefe de otra persona o personas; si es usted pastor o pastora de una congregación, entre otros). En esa relación desigual, ¿qué cree usted que Pablo les diría a las personas que están supeditadas a usted? Anótelo. ¿Qué cree usted que Pablo le diría a usted? Anótelo también.

Repita ahora el mismo ejercicio, pero pensando en una relación en la cual usted sea la persona supeditada (por ejemplo, su relación con su jefe o jefa). ¿Qué cree usted que Pablo les diría a las personas que están por encima de usted? Anótelo. ¿Qué cree usted que Pablo le diría a usted? Anótelo también.

Piense en lo que esto quiere implicar respecto al modo en que usted se debe conducir en tales relaciones. Anotes sus conclusiones y resuelva seguirlas. Ore pidiendo fuerza y sabiduría para cumplir lo que ha resuelto.

PARA EL ESTUDIO EN GRUPO: Divida al grupo en dos. Asígnele a uno el papel de esposo, padre y amo, y al otro el papel de esposa, hijo y esclavo. Explique lo que se dice más arriba sobre las obligaciones de cada una de estas personas en la sociedad de aquel entonces. Cuando todos entiendan su papel, lea el texto bíblico en voz alta, pidiéndoles a los esposos, padres o amos que escuchen como tales, y al otro grupo que escuchen como esposa, hijo o esclavo. Al terminar la lectura, pídale al grupo que discuta lo que cada cual escuchó, desde el punto de vista que se le había asignado.

Justo L. González: *Ruinas de Hierápolis, a cuya iglesia Pablo envía saludos en Colosenses 4:13*

Séptima semana

Primer día   *Lea* Colosenses 4:2-4

VEA: Pablo amonesta a los colosenses a orar con perseverancia. Recuerde que al principio en esta epístola les dice que él mismo siempre está orando por ellos (1:3). Luego, lo que Pablo les pide es que hagan lo mismo que él hace. Al leer este versículo recordando el principio de la epístola, vemos que hay aquí una especie de reciprocidad en la oración: Pablo ora por ellos, y les pide que ellos oren por él. Y les pide que oren con acción de gracias, que es lo mismo que al principio de la epístola les dijo que él hace.

En esas oraciones que Pablo solicita, los colosenses han de pedir por él. Pero note que no han de pedir que Pablo quede libre de sus prisiones—aunque en otra ocasión Pablo y Silas fueron librados de la cárcel en Filipos. Lo que han de pedir es que el Señor les «abra puerta»; pero no puerta para quedar libres de la prisión, sino puerta para la predicación del evangelio, para «dar a conocer el misterio de Cristo». Y han de pedir también que Pablo manifieste ese misterio como debe hacerlo.

JUZGUE: ¿Cree usted que hay relación entre la oración mutua de Pablo por los colosenses, y de los colosenses por él, y la unidad de la iglesia? Note que en este caso Pablo no reclama ninguna autoridad especial sobre la iglesia en Colosas. No se trata de una iglesia que él haya fundado. Pero así y todo, tanto Pablo como los colosenses son parte de la misma iglesia. ¿Podrían serlo si no oraran los unos por los otros? ¿No será que la unidad entre los cristianos comienza cuando de veras oramos unos por otros?

Pablo no les pide a los colosenses que oren por su libertad, sino por la libertad de la Palabra. ¿Es esto lo que hacemos más frecuentemente en la iglesia, cuando pedimos las oraciones de los hermanos y hermanas? ¿Pedimos que Dios nos ayude a cumplir nuestra misión, a predicar el evangelio, a dar testimonio de su amor? ¿O lo que pedimos es más bien que se nos resuelvan los problemas, que se sanen nuestras enfermedades, que mejoren nuestras condiciones de vida?

ACTÚE: Medite sobre lo que Pablo les pide a los colosenses, aun estando preso: no que se le abra la puerta de la cárcel, sino que se le abra puerta para predicar y dar testimonio.

Imagine ahora que el domingo próximo usted va a tener oportunidad de pedir las oraciones de su iglesia. Trate de seguir el ejemplo de Pablo. Escriba lo que le va a pedir a la iglesia, completando la frase que sigue:

«Hermanos y hermanas, oren por mí, para que _____.»

Termine esta sesión de estudio con una oración, no pidiendo lo que a usted le conviene o le gusta, sino siguiendo el ejemplo de Pablo.

Segundo día   *Lea* Colosenses 4:5-6

VEA: Pablo acaba de hablar acerca de su propio testimonio, y ahora dedica estos dos versículos al testimonio de los creyentes de Colosas ante «los de afuera»; es decir, los paganos. Lo primero que Pablo les dice a los colosenses es que han de andar «sabiamente» en sus relaciones con tales personas. Probablemente esto tiene varias dimensiones:

En primer lugar, recordando lo que Pablo acaba de decir sobre diversas relaciones desiguales, posiblemente es una advertencia a los creyentes de Colosas que sean sabios en tales reclaciones. Por ejemplo, que un esclavo que sabe que Cristo le ha hecho libre no sea indiscreto en sus relaciones con el amo, de modo que traiga sobre sí y sobre la iglesia dificultades innecesarias.

En segundo lugar, quiere decir también que los cristianos han de cuidar de que su testimonio sea limpio. Han de andar sabiamente ante los demás, en el sentido de que han de cuidar de que, ni siquiera por falsas interpretaciones, se les pueda acusar de inmoralidad y engaño, entre otras.

Y, por último, posiblemente quiere decir también que los cristianos han de ser sabios en su testimonio en el sentido de no ser impertinentes, insistiendo en dar un testimonio cuando no viene al caso y las demás personas no están listas para escucharles.

Esto han de hacerlo «redimiendo el tiempo». Aunque frecuentemente se cita esta expresión paulina como si Pablo nos instara a no perder el tiempo, y a estar siempre ocupados, eso no es lo que la frase quiere decir. Posiblemente una traducción mejor sería «redimiendo [el momento]» o «aprovechando la oportunidad». En otras palabras, que en su testimonio ante los paganos, quienes creen en Cristo han de saber aprovechar la oportunidad adecuada, y no dejarla pasar. Esto es parte del andar «sabiamente» que Pablo les recomienda a los colosenses.

Por último, Pablo recomienda que la palabra de testimonio debe ser «con gracia» y «sazonada con sal». Lo primero quiere decir que no ha de ser palabra áspera, amarga o condenatoria. Lo segundo quiere decir que ha de ser palabra agradable, quizá hasta con un poco de buen humor.

JUZGUE: ¿Cree usted que puede haber un testimonio que, aunque lo que se diga sea verdad, no sea sabio? Suponga, por ejemplo, que alguien viene a usted con un asunto urgente de vida o muerte, pidiéndole ayuda, y usted en lugar de responder a esa petición le dice que se siente a escuchar su testimonio. ¿No es probable que en esas circunstancias su testimonio será contraproducente?

Piense usted en los sermones de evangelización que ha escuchado recientemente, sea en la iglesia, sea en los medios de comunicación masiva. Quienes dieron tales testimonios, ¿lo hicieron andando sabiamente para con los de afuera? ¿Supieron reconocer la oportunidad adecuada y aprovecharla? ¿Fue su palabra de gracia, o de condenación? ¿Estaba «sazonada con sal», o era insípida y aburrida?

ACTÚE: Piense en alguna persona no creyente con quien usted interactúa repetidamente. Puede ser un compañero o compañera de trabajo, un familiar, un vecino o vecina, u otra persona. Repase en su mente las oportunidades que ha tenido usted en el pasado de darles un testimonio de Cristo. ¿Supo hacerlo sabiamente? Si no, ¿dónde falló usted? ¿Supo usted «redimir el momento», aprovechando la oportunidad cuando ésta se presentó? Cuando usted habla con esa persona, ¿lo hace con gracia y sal, o lo hace con rigidez y amargura?

Anote sus reflexiones, y haga planes para llevarle su testimonio a esa persona de un modo más sabio y eficaz.

Tercer día *Lea* Colosenses 4:7-9

VEA: Llegamos ahora a las salutaciones finales de la epístola. En ese tiempo, era costumbre terminar una carta enviando saludos de todas las personas que estaban con quien escribía.

Las dos primeras salutaciones vienen de Tíquico y Onésimo. Tíquico era oriundo de Asia (Hechos 20:4), posiblemente de alguna región cerca de Colosas. Era él quien llevaría la carta que Pablo estaba acabando de dictar. Lo mismo se dice de él en Efesios 6:21. Luego, Tíquico era el mensajero que Pablo emplearía para enviar estas cartas. Su propósito al ir a Colosas es tanto llevarles un mensaje de consolación a los colosenses como traerle un informe sobre ellos a Pablo («para que conozca lo que a vosotros se refiere»).

Onésimo es el esclavo fugitivo de Filemón, sobre quien volveremos en unos días al estudiar la Epístola a Filemón. Va a ir junto a Tíquico a Colosas, llevando la carta de Pablo a los colosenses, y otra más personal a Filemón.

Tanto Tíquico como Onésimo les darán a los colosenses noticias de lo que pasa en el lugar donde Pablo está preso.

JUZGUE: ¿Ha pensado usted alguna vez que en cierto sentido Tíquico es tan importante para la Epístola a los Colosenses como lo es el mismo Pablo? Sin Tíquico, la epístola nunca hubiera llegado a su destino. Pablo la escribió o dictó, sí; pero fue Tíquico quien la hizo llegar. Sin embargo, casi nadie se acuerda de Tíquico, y son pocos los que reconocen su nombre.

(Como escritor que soy, muchas veces he pensado en todos esos editores, impresores, libreros y distribuidores sin los cuales mis escritos nunca llegarían al público. Aunque los escritos llevan mi nombre, en realidad les deben tanto a esas personas como a mí.)

¿No sucede lo mismo repetidamente en la vida de la iglesia? Hay personas que, por su ocupación, por el papel que desempeñan, o por cualquiera otra razón, son más reconocidas. Pero esto no quiere decir que sean más importantes que las demás. Lo que es más, sin esas otras personas menos reconocidas, el trabajo de las más famosas posiblemente se perdería (como se hubiera perdido la Epístola a los Colosenses sin Tíquico).

ACTÚE: En la iglesia, ¿es usted como Tíquico, cuyo trabajo apenas se reconoce? ¿O es usted como Pablo, a quien las demás personas reconocen como líder? Si usted es como Tíquico, no se desaliente ni se amargue. Tíquico no lleva la carta para que le den reconocimiento, sino por servir. Su servicio es de suma importancia, aunque pocos lo reconozcan. Déle gracias a Dios por esa oportunidad de servirle. Si es como Pablo, piense en los muchos «Tíquicos» en derredor suyo, sin quienes su trabajo sería mucho menos efectivo. Déle gracias a Dios por la oportunidad de servirle; y déle gracias también por todas esas otras personas que hacen que su servicio sea más efectivo.

Reflexione sobre esto. Anote sus reflexiones.

Cuarto día   *Lea* Colosenses 4:10-18

VEA: Con el estudio de hoy terminamos nuestra lectura detenida de la Epístola a los Colosenses. En este texto continúan y terminan las salutaciones que empezamos a estudiar ayer. Los nombres que aparecen aquí pueden servir de punto de partida para varios otros estudios. Veamos algo sobre cada uno de ellos.

Aristarco era oriundo de Macedonia, posiblemente de Filipos, donde conoció a Pablo. Después Aristarco viajó con Pablo a Asia Menor, y por fin le acompañó en su viaje marítimo y su encarcelamiento (vea Hechos 19:29; 20:4; 27:2).

Marcos, el sobrino de Bernabé, acompañó a Pablo y a Bernabé al principio de su primer viaje misionero, pero luego decidió no continuar. Al prepararse a partir de nuevo, Bernabé quiso llevar otra vez a Marcos, pero Pablo no quiso. El resultado fue que Pablo y Bernabé se separaron. Pero la presencia de Marcos con Pablo en la prisión muestra que a la postre se reconciliaron.

De «*Jesús*, llamado Justo», no se sabe más que lo que Pablo dice en este versículo.

De *Epafras*, ya hemos dicho que puede ser el mismo que Epafrodito, quien aparece también en Filipenses y en Filemón. Como hemos visto, Epafras fue líder, y quizá fundador, de las iglesias en Colosas y sus alrededores. Quizá es también el «Epafrodito» a quien los filipenses enviaron a Pablo con una ofrenda.

«*Lucas*, el médico amado», puede ser el autor del Evangelio de Lucas y del libro de Hechos, aunque tal cosa no es segura.

Éstas eran las personas que estaban con Pablo. Varias de ellas se mencionan también en la Epístola a Filemón.

Además, Pablo les envía saludos a toda la iglesia de Laodicea, que también ha de leer esta carta «a *Ninfas* y a la iglesia que está en su casa», y a *Arquipo*, con quien nos toparemos otra vez en la Epístola a Filemón.

En el último versículo, la frase «de mi propia mano» da a entender que el apóstol Pablo dictó el resto de la carta, y que fue solamente aquí, al final, que puso estas últimas palabras de su puño y letra.

JUZGUE: Recuerde que, hasta donde sabemos, Pablo no había estado nunca en Colosas. Posiblemente algunos de sus compañeros (como por ejemplo Epafras) sí conocían a los colosenses. Pero en general eran personas que no se conocían personalmente. A pesar de esto, intercambian saludos afectuosos. Lo que esto quiere decir es que la iglesia era una red de amor, de modo que todos sus miembros se consideraban unidos entre sí.

¿Sucede lo mismo hoy? ¿Se ocupa usted de saber algo acerca de sus hermanos y hermanas en la fe en otras partes del mundo? ¿Qué sabe acerca de quienes pertenecen a otras denominaciones? En su propia iglesia, ¿se estimula a los miembros a establecer contactos y relaciones con personas de otras comunidades cristianas, tanto cercanas como lejanas? ¿No cree usted que la fe de todos se enriquecería si tuviésemos más contactos de esa clase?

ACTÚE: Resuelva establecer contactos al menos con: (1) un cristiano de su comunidad, pero que pertenezca a otra iglesia o denominación; (2) una cristiana de otra ciudad; (3) un cristiano de otro país. Si no sabe cómo hacerlo, pídale ayuda a su pastora o pastor, o a la junta de misiones de su denominación.

Quinto día   *Lea* Filemón 1-3 y 23-25

VEA: Hemos leído los primeros y últimos versículos de esta breve carta, porque en éstos se nos dan los nombres de todas las personas a quienes Pablo saluda, y que mandan saludos. La carta va dirigida personalmente a Filemón, y por ello la mayor parte de ella está en singular («tú»). Pero también va dirigida a Apia, posiblemente esposa de Filemón, y a Arquipo, quizá hijo de ambos, pero en todo caso líder de la iglesia a quien Pablo se refiere también en Colosenses 4:17. Quienes envían saludos son Epafras (o Epafrodito, con quien nos hemos encontrado repetidamente estas últimas semanas), y otras personas cuyos nombres aparecen también al final de Colosenses, tales como Marcos, Aristarco, Demas y Lucas.

Al parecer, Filemón y su familia vivían en Colosas, y por lo tanto esta carta personal a Filemón iría junto a la otra más pública dirigida a los colosenses.

JUZGUE: Pablo le va a pedir un gran favor a Filemón. Como veremos más adelante, se atreve a pedirle ese favor porque sus relaciones son tales que hasta se atrevería a mandarle. Es por esas relaciones que Pablo puede intervenir en el caso de Onésimo (según veremos pasado mañana).

◗ ¿Cree usted que Pablo se hubiera atrevido a escribir esta carta si no hubiera tenido algún contacto con Filemón y sus allegados?

◗ Si lo hubiera hecho, ¿qué respuesta cree usted que hubiera recibido?

ACTÚE: Vuelva sobre lo que resolvió ayer. ¿Lo ha hecho? ¿Cómo cree usted que cambiaría su vida si verdaderamente sintiera que tiene hermanas y hermanos en lugares remotos?

Reafirme su resolución de ayer. Entonces, busque quien le ayude a cumplirla.

Sexto día   *Lea* Filemón 4-7

VEA: Como en las otras cartas que hemos estudiado, tras los saludos iniciales, Pablo pasa a una acción de gracias. En este caso, da gracias por Filemón, y por las noticias que recibe de él y de su fe. Y al tiempo que Pablo da gracias, ruega por él. Es en ese contexto de acción de gracias y de petición que Pablo coloca el resto de la carta, donde va a hacerle a Filemón una petición importante.

JUZGUE: ¿Cree usted que Pablo da gracias por Filemón, y ora por él, sólo como una cosa formal, porque era lo que se decía en las cartas? ¿O cree usted que la práctica de acercarse a otra persona con acción de gracias y en oración ayuda en las relaciones con esas personas? ¿Qué sucedería si al acercarnos a otra persona empezáramos por dar gracias a Dios por esa persona, por lo que es y lo que hace, y además por pedir las bendiciones de Dios sobre esa persona?

ACTÚE: Haga la prueba. Haga una lista de las personas con quienes usted piensa relacionarse mañana. Pueden ser familiares, compañeros y compañeras en el trabajo, clientes, entre otros. Piense en cada una de esas personas hasta que encuentre en él o ella algo bueno por lo cual dar gracias. Además de dar gracias, ore por esa persona. Continúe en ese espíritu hasta que tenga lugar la entrevista o el encuentro con cada una de esas personas. El resultado le sorprenderá.

Séptimo día   *Lea* Filemón 8-22

VEA: Lo que hoy estudiamos es el cuerpo o el mensaje central de la Epístola a Filemón. Para entender toda esta carta, es necesario insistir sobre lo que vimos la semana pasada acerca de la esclavitud en el mundo romano antiguo, y sobre todo respecto a las leyes que la gobernaban. Por desconocimiento de esas leyes, muchas veces nos preguntamos, ¿por qué Pablo no le dice a Filemón que sencillamente le dé la libertad a Onésimo?

En el Imperio Romano, era muy difícil darle la libertad legal a un esclavo. Había hasta leyes que lo prohibían, aunque siempre había modos de lograr excepciones (por ejemplo, si un esclavo le salvaba la vida a su amo, o si le prestaba algún otro servicio excepcional). Aun entonces, el antiguo esclavo no era «libre», sino «liberto», y no había modo alguno de deshacerse de esa condición. Sus hijos sí eran «clientes libres» del antiguo amo o su heredero; pero el ex esclavo seguía por vida en la condición de «liberto». El liberto seguía debiéndole cierta obediencia y servicios a su antiguo amo. Luego, el acto legal de liberar un esclavo no hacía que esa persona fuera libre, como lo era el amo. Siempre seguía siendo inferior, y supeditada al antiguo amo.

Dadas esas leyes y circunstancias, lo que Pablo le dice a Filemón es extraordinario y hasta radical: La ley dice que Filemón puede castigar a Onésimo; que, si decide darle la libertad y logra cumplir todos los trámites legales, siempre seguirá teniéndole como «liberto» atado a su servicio. Lo que Pablo le pide y le ordena a Filemón es que, no importa lo que la ley diga, y no importa cuál sea la condición legal de Onésimo, Filemón ha de recibirle y de tratarle como a un hermano, como a su igual.

Es importante recalcar esto porque durante el siglo pasado quienes defendían la esclavitud lo hacían frecuentemente a base de esta epístola, diciendo que Pablo hizo que el esclavo Onésimo volviera a su amo. Lo que olvidaban tales personas era que Pablo hizo que volviera, no ya como esclavo, sino como hermano, aun cuando el sistema legal de la época no hacía lugar para lo que Pablo le ordenó a Filemón.

Al examinar el texto con más detenimiento, hay algunos detalles que merecen mención. Éstos son los que siguen:

☞ En los versículos 8-9 y 21, Pablo le dice a Filemón que se trata de un ruego más bien que de una orden, pero acaba diciéndole que espera «obediencia».

☞ Por el versículo 10, «engendré en mis prisiones», resulta claro que Pablo estaba preso cuando Onésimo se convirtió. ¿Estaría preso también Onésimo? Lo más probable es que sí. Pero no es del todo seguro, pues Onésimo puede haber conocido a Pablo porque trabajaba en la cárcel, o de algún otro modo que desconocemos.

Recuerde que en ese tiempo las prisiones muchas veces le permitían al preso andar con cierta libertad (vea Hechos 28:30-31, donde se describe la «prisión» de Pablo en Roma).

☞ En los versículos 10-11 hay un juego de palabras. El nombre *Onésimo* quiere decir «útil» o «provechoso». Lo que Pablo dice es lo siguiente:

«Te ruego por mi hijo [*útil*] . . . el cual en otro tiempo te fue inútil, pero ahora a ti y a mí nos es *útil*». Note también la palabra «provecho» en el versículo 20, que es parte del mismo juego de palabras.

JUZGUE: La carta a Filemón recibe escasa atención, pues pensamos que se refiere a cómo tratar a un esclavo, y ya no hay esclavitud (al menos, en nuestra sociedad). Sin embargo, cuando nos olvidamos de esta carta, perdemos la oportunidad de escuchar lo que nos dice sobre la reconciliación y las relaciones entre cristianos.

En efecto, la carta es un bello ejemplo de lo que ha de ser la reconciliación entre cristianos. La ley dice claramente que Filemón puede hacer lo que le parezca con Onésimo. Como sujeto del Imperio Romano, Filemón no tiene obligación alguna de recibir a Onésimo de un modo u otro.

Pero como creyente Filemón sí tiene otra obligación. Pablo le dice que tiene que recibir a Onésimo, no ya como esclavo, sino como hermano, y que si Onésimo le hizo algo, o le debe algo, Filemón no ha de cobrárselas.

¿Queremos lección más pertinente para nuestra vida hoy como cristianos? En muchas de nuestras iglesias hay algunas personas que guardan rencores contra otras personas por cosas pasadas—a veces hace años. Piensan (y a veces hasta dicen) que no se sentirán bien hasta que no se las cobren. Pero lo cierto es que, no importa lo que suceda, la amargura y el resentimiento les quedan por dentro.

Tales personas dicen a veces que «tienen su derecho»; que lo que la otra persona les hizo es tal que «no tiene perdón». Y, dentro del orden social en que vivimos, tienen razón: si alguien nos hace mal, tenemos derecho a devolverle la misma moneda.

Pero lo que Pablo dice aquí es muy distinto. Puede ser cierto que dentro del orden social tengamos derecho a pedir cuentas, de igual modo que dentro del orden de su tiempo Filemón tenía derecho a pedírselas a Onésimo. Pero el orden social que nos rodea no ha de ser el orden de la iglesia. Onésimo ha aceptado al Señor. Se ha hecho cristiano. Por lo tanto, no importa lo que la ley diga, es hermano de Filemón, y éste ha de tratarle como tal. Lo que Onésimo le haya hecho ya no cuenta, pues el propio Filemón sabe que él también tenía deudas mucho mayores para con Dios, y le han sido perdonadas.

Luego, lo primero que esta epístola nos dice es que el reconciliarnos con Dios en Cristo implica también reconciliación y perdón para con todas las personas que nos deben.

Hay más. Aunque Filemón le perdonara a Onésimo todo lo que le debía, siempre habría una diferencia entre ellos. Filemón era amo. No sabemos cuántos esclavos tenía, pero al menos sabemos que no era pobre. Aunque Filemón le perdonara, Onésimo no era más que un esclavo. Al menos, así serían las cosas según el orden social de la época.

Pero la iglesia no ha de ser un mero reflejo del orden social circundante, y por ello Pablo le dice a Filemón que ha de recibir a Onésimo como a un hermano, o como al mismo Pablo. Las diferencias sociales que el mundo dicta ya no han de existir. Ahora Filemón y Onésimo son hermanos. Son iguales.

En algunas de nuestras iglesias, aunque nos perdonemos unos a otros, no nos tratamos como iguales. Nos siguen separando diferencias de clase, de educación, de nacionalidad, y muchas otras que no tienen por qué existir entre nosotros. Aceptamos a quien es distinto como parte de la iglesia, y hasta le llamamos hermano o hermana. Pero en realidad tratamos esas personas como a inferiores, o no nos acercamos a ellas.

◗ ¿Qué diría Pablo al respecto?

ACTÚE: La reconciliación que vemos aquí tiene al menos dos dimensiones. La primera es el perdón. Pablo le pide a Filemón que perdone a Onésimo. Quien guarda cuentas y odios viejos no se ha reconciliado. Sin embargo, todos sabemos que tales cuentas y odios viejos son uno de los males que más frecuentemente aquejan a nuestras iglesias. Hágase preguntas concretas sobre su necesidad de perdonar a otras personas. Por ejemplo, hágase las siguientes preguntas:

☞ ¿Hay alguien que dijo algo de mí, y no le he perdonado?

☞ ¿Hay alguien que votó en contra mía en alguna elección o decisión, y desde entonces le tengo por enemigo?

Si su respuesta a estas preguntas, o a otras semejantes, es «sí», empiece por pedirle perdón a Dios, y resuelva perdonar a esa persona.

La otra dimensión de la reconciliación es la que sobrepasa las barreras sociales. Filemón era amo, y Onésimo era esclavo; pero ahora Pablo le ruega y le ordena a Filemón que trate a Onésimo como a sí mismo. Si bien en la sociedad circundante uno era más importante que el otro, esa importancia no podía transferirse a la vida de la iglesia.

En nuestra sociedad también hay barreras como las que existían entonces entre amos y esclavos. Con demasiada frecuencia, esas barreras continúan existiendo también dentro de nuestras iglesias.

Reflexione en las siguientes preguntas:

¿Qué cosas nos separan unos de otros? ¿la posición social? ¿los diversos niveles de recursos económicos? ¿los niveles de educación? ¿las diversas edades y generaciones? ¿cuestiones raciales? (Aunque no nos guste, confesemos que muchas veces entre nuestro pueblo y en nuestras iglesias el racismo se hace sentir.) ¿las diversas nacionalidades de origen representadas en nuestra congregación? (Otro problema muy común en nuestras congregaciones hispanas en los Estados Unidos, pero que pocas veces reconocemos como lo que es: una negación del evangelio.)

Pregúntese: *¿Hay alguien a quien yo desprecio porque no pertenece a mi grupo preferido, o porque no viste tan bien, o porque sabe menos, o por cualquier otro prejuicio o costumbre social?*

No responda a esta pregunta hasta que no la haya pensado bien. Repase la lista de las personas en torno suyo. Cada vez que se acuerde de una persona a quien usted desprecia por cualquier razón, escriba lo que sigue, pero colocando el nombre de esa persona en el primer espacio en blanco, y la razón de su posible desprecio en el segundo espacio:

_____, te recibo, no ya como a _____, sino como a mi hermano.

(Por ejemplo: «Pedro, te recibo, no ya como a un borracho, sino como a mi hermano». «María, te recibo, no ya como a quien me insultó, sino como a mi hermana.»)

Cuando termine de escribir esos nombres, y de meditar sobre lo que ha escrito, *ore:*

Tú, Señor, que tanto nos has perdonado para reconciliarte con nosotros, enséñanos a perdonar y a reconciliarnos con los demás. Tú que descendiste del cielo para ser como el más humilde de entre nosotros, destruye las barreras que nos separan los unos de los otros. Amén.

PARA EL ESTUDIO EN GRUPO: El líder conocerá al grupo, y por lo tanto sabrá cómo tratar sobre este asunto con sabiduría, tacto y firmeza. Una manera que le sugerimos es comenzar discutiendo lo que Pablo le dice a Filemón sobre la necesidad de perdonarle cualquier deuda a Onésimo. Diga algo en general sobre la necesidad de perdonarnos mutuamente. Entonces pídales a los miembros del grupo que mediten en silencio por algunos momentos sobre alguien en la iglesia o comunidad de fe a quien les sea difícil perdonar.

Al terminar este breve tiempo de meditación, invite a quienes quieran hacerlo a hablar. Termine pidiendo que todos se hagan el propósito no sólo de perdonar a esas personas en quienes pensaron, sino también de acercarse a ellas durante la semana entrante y darles señales de amor y comprensión.

Justo L. González: *Ruinas de la ciudad de Laodicea*

Octava semana

Primer día   *Lea* Efesios 1:1-2

VEA: En nuestro estudio sobre las epístolas escritas en la prisión, llegamos ahora a la más extensa de éstas: Efesios. Aquí trataremos principalmente sobre la vida nueva que Cristo nos da, según se describe en Efesios.

Posiblemente usted haya leído algunos comentarios sobre Efesios en los que se dice que esta carta no fue escrita por Pablo, sino por alguno de sus discípulos. El autor de estos estudios no piensa que los argumentos contra la paternidad paulina sean convincentes, y por lo tanto continúa refiriéndose a Pablo como el autor de esta carta. No nos parece que sea cuestión de mayor importancia, pero la mencionamos para evitarle confusiones si encuentra algún comentario que dice que la carta no fue escrita por Pablo.

También es posible que usted lea en algún comentario que no es seguro que esta carta haya sido dirigida a los efesios. Sobre esto sí hay más dudas, pues los manuscritos más antiguos no incluyen las palabras «en Efeso» en el primer versículo, sino que dicen más bien «a los santos y fieles que están en Cristo Jesús». Algunos eruditos piensan que ésta es la carta que Pablo les escribió a los laodicenses, y que se ha perdido (véase Col. 4:16). Una vez más, esto no afecta en nada la interpretación ni el mensaje de la epístola, y lo mencionamos solamente para el caso de que usted encuentre referencias a esta cuestión en algún comentario.

Pasando entonces al contenido del texto para hoy, note que en el versículo 1 Pablo dice que es «apóstol de Jesucristo por la voluntad de Dios». Esto es importante para entender las cartas y el ministerio de Pablo. Él no es apóstol por autodesignación, ni siquiera porque se ofreció como voluntario para el puesto. Pablo es apóstol «por la voluntad de Dios».

JUZGUE: En España, Francisco Franco se daba el título de «por la gracia de Dios, Caudillo de España». Cuando alguien dice que ocupa una posición o cargo «por la voluntad de Dios», muchas veces eso nos causa sospechas de tiranía o al menos de soberbia. Por eso vacilamos en decir o siquiera en pensar que hacemos algo o que somos algo «por la voluntad de Dios».

Pero lo cierto es que lo que hemos estado tratando de hacer en todas estas semanas de estudio EN LA ESCUELA DE LA PRISIÓN es discernir cuál sea la voluntad de Dios para nosotros, para la iglesia y para el mundo. Porque no es solamente Pablo quien es lo que es «por la voluntad de Dios», sino que cada creyente ha de descubrir lo que ha de ser por la voluntad de Dios. Ésa es la vida cristiana: la vida según la voluntad de Dios.

▶ ¿Cómo podemos evitar entonces caer en la soberbia de un Francisco Franco, o del pastor que dice que hay que hacer las cosas a su modo, porque tal es la voluntad de Dios?

▶ A través de estas semanas de estudio, ¿qué ha aprendido que le pueda ayudar a discernir la voluntad de Dios para usted?

ACTÚE: Repase sus notas de las siete semanas pasadas. Posiblemente encontrará allí algunos indicios que le ayuden a contestar la pregunta que acabamos de hacer. Por ejemplo, encontrará que hacer la voluntad de Dios implica entrega por otras personas (recuerde que Pablo está preso por predicar), gratitud e intercesión por esas personas (recuerde las oraciones de Pablo), reconocer el señorío de Jesucristo sobre *todas* las cosas (Colosenses), gozo (Filipenses), compartir los bienes y los dolores (Filipenses), justicia, libertad y nuevas relaciones (Filemón).

Y, sobre todo, que haya en nosotros el sentir de obediencia que hubo en Cristo Jesús (Filipenses 2).

Ore pidiéndole al Señor que durante estas seis semanas que nos quedan en este estudio nos ayude a ver y a hacer su voluntad.

Segundo día   *Lea* Efesios 1:3-14

VEA: En el texto original, en griego, los versículos 3 al 14 son una sola oración. *La Santa Biblia*, Antigua Versión de Reina-Valera, Revisión de 1960, los divide en las siguientes tres oraciones: 3-10, 11-12 y 13-14.

La Biblia de Jerusalén los divide en cuatro oraciones: 3-6, 7-10, 11-12 y 13-14.

Dios habla hoy, La Biblia Versión Popular (Segunda Edición), divide los versículos en once oraciones: 3, 4-5, 6, 7, 8-9a, 9b-10a, 10b, 11, 12, 13 y 14.

Esa división en varias oraciones tiene su valor, pues en castellano no acostumbramos escribir ni decir oraciones tan largas. Al cortar el pasaje en una serie de oraciones, facilitamos su lectura y entendimiento. Lo que se pierde, empero, es la impresión de ímpetu avasallador que tiene el texto en su forma original. Lo que en *Dios habla hoy* se nos da gota a gota, como para que podamos asimilarlo, en el original es un «Niágara» cuyo torrente nos lleva consigo sin permitirnos siquiera el asidero de un punto y seguido.

Dividir el texto en una serie de oraciones cortas nos ayuda a entender el texto. Pero léalo primero como se escribió, de un golpe, y ello le ayudará, si no a entenderlo, al menos a sentirlo y vivirlo.

El texto es como un himno de alabanza. Todo lo que dice no es sino ampliación de sus palabras iniciales:

«Bendito sea el Dios y Padre de nuestro Señor Jesucristo.»

Todo lo que sigue, aunque nos dé motivo para estudios teológicos profundos y meticulosos, está allí para servir de alabanza a ese Dios y Padre de nuestro Señor Jesucristo. Es por eso que el texto está escrito como está. Su propósito no es informarnos sobre la predestinación, o la santificación, o la salvación por gracia. Su propósito es más bien arrastrarnos en un himno de alabanza. Si nos presenta amplias vistas de los tiempos antes de la fundación del mundo, y de los tiempos después de la consumación de la historia, ello no es para que especulemos acerca de esos tiempos, sino para que alabemos y bendigamos al Señor de todos los tiempos.

El texto es como un torrente. Léalo así esta primera vez. Ya mañana y pasado tendremos oportunidad de estudiar algunos de sus detalles. Por hoy léalo de una vez, dejándose llevar por él, como por una sinfonía o un himno.

JUZGUE: Piense en la vida cristiana como un gran himno. A veces nos detenemos tanto en cada sílaba, que se nos escapa la melodía. Es bueno detenernos de vez en cuando a reflexionar sobre los detalles y las decisiones de nuestra vida. Pero también es bueno a veces dejarnos llevar por la música, sin detenernos a analizar cada nota.

Piense de igual modo sobre el mundo y su historia. Este texto hace de toda esa historia una gran sinfonía. Como en una sinfonía, no hay que entenderlo todo para disfrutarlo y celebrarlo.

- ¿No será porque para él la vida y la historia toda son como una sinfonía dirigida por Dios que Pablo puede expresar gozo aun en medio de sus prisiones?

- ¿No será cuando alabamos a Dios al estilo de este himno que recibimos la fuerza para gozarnos y para ser fieles en medio de nuestras tribulaciones?

ACTÚE: Lea el siguiente poema de Zorrilla. Repítalo hasta que se sienta inspirado a guardar el silencio de que habla el poeta:

Señor, Yo Te Conozco

¡Señor, yo te conozco! La noche azul serena,
Me dice desde lejos: «Tu Dios se esconde allí;»
Pero la noche obscura, la de nublados llena,
Me dice más pujante: «Tu Dios se acerca a ti.»
Te acercas, sí; conozco las orlas de tu manto
En esa ardiente nube con que ceñido estás;
El resplandor conozco de tu semblante santo,
Cuando al cruzar el éter relampagueando vas.
Conozco de tus pasos las invisibles huellas
Del repentino trueno en el crujiente son;
Las chispas de tu carro conozco en las centellas,
Tu aliento en el rugido del rápido aquilón.
¡Señor, yo te conozco! Mi corazón te adora;
Mi espíritu de hinojos ante tus pies está.
Pero mi lengua calla, porque mi lengua ignora
Los cánticos que llegan al grande Jehová.

Tercer día   *Lea* Efesios 1:3-14

VEA: Volvemos a leer el pasaje que leímos ayer. Pero ahora lo leeremos deteniéndonos sobre todo en el versículo 3.

Note que ese versículo marca el tono de todo el pasaje, que es lo que se llama una doxología; es decir, una expresión de alabanza a la gloria de Dios. Aunque en él hay mucha doctrina, el propósito no es tanto enseñar doctrina como alabar a Dios. Es por eso que el pasaje comienza con las palabras «Bendito sea el Dios y Padre de nuestro Señor Jesucristo, que nos bendijo».

Note además que Dios es quien bendice primero: Dios «nos bendijo». Y es por eso que Pablo puede clamar «Bendito sea» Dios.

La alabanza que Pablo eleva es un himno de gratitud por la bendición recibida. No es una petición para recibir bendición.

La palabra misma «bendición» requiere un poco de estudio. *Bendecir* significa «hablar bien», «ben-decir». Cuando Dios bendice, Dios pronuncia una palabra buena sobre la persona o cosa bendecida. Y lo mismo cuando nosotros bendecimos.

Bendecir es pronunciar el bien sobre algo o sobre alguien. Dios pronunció sobre nosotros palabra buena, palabra de salvación, según lo expresa el resto del pasaje. Y es por eso, en respuesta a esa buena palabra de Dios, que nosotros a nuestra vez podemos bendecir a Dios.

JUZGUE: Recuerde que Dios crea mediante su Palabra. En el Génesis, cuando Dios dice «sea», las cosas saltan a la existencia. Y en el primer capítulo del Evangelio de Juan, se nos dice que todo cuanto existe fue hecho por el Verbo de Dios. Lo que esto quiere decir es que cuando Dios «ben-dice», el bien que Dios pronuncia sobre algo o alguien viene a ser realidad—y lo mismo cuando Dios «mal-dice», aunque ahora en sentido contrario.

¿No será lo mismo con nuestras palabras, aunque en menor escala? Cuando hablamos bien de alguien, ¿no estaremos contribuyendo a que esa persona sea buena? Y cuando hablamos mal de alguien, ¿no estaremos contribuyendo a hacerla mala? ¿No será por eso que en la Biblia se nos llama repetidamente a bendecir, y no maldecir? (Véase, por ejemplo, Mateo 5:44 y Romanos 12:14.)

ACTÚE: Haga un recuento de lo que usted ha dicho sobre otras personas durante la semana pasada. ¿Cuántas de sus palabras han sido de bendición, y cuántas de maldición? Resuelva que, al menos durante la semana entrante, cuando no pueda decir algo bueno de una persona, sencillamente se abstendrá de decir nada. O mejor todavía, resuelva encontrar algo bueno que decir de cada persona con quien se encuentre, y de cada persona de quien se hable en sus conversaciones. Anote sus reflexiones y resoluciones.

Cuarto día   *Lea* Efesios 1:3-14

VEA: Volvemos a leer el mismo pasaje. Pero fíjese ahora especialmente en los versículos 9 y 10. En esos versículos aparece un tema característico de la Epístola a los Efesios: el misterio. Si hay un tema que es característico de toda esta Epístola, es precisamente éste del «misterio». En todas las epístolas paulinas, la palabra «misterio» aparece un total de dieciocho veces. Siete de éstas se encuentran en Efesios 1:9; 3:3, 4, 5, 9; 5:32; 6:19).

Al leer estos versículos, hay que destacar al menos estos tres puntos:

El primer punto es que el misterio, aunque nos haya sido dado a conocer, no pierde por ello su carácter misterioso. Efesios nos dice que ahora conocemos que la voluntad de Dios, que se había propuesto en sí mismo, era reunir todas las cosas en Cristo. Pero no nos dice cómo esto ha de ser. El misterio se nos da a conocer, pero no se nos aclara. Ahora sabemos en qué consiste la voluntad de Dios; pero todavía el modo en que esa voluntad ha de cumplirse sigue siendo misterioso, inefable y hasta impenetrable.

El segundo punto que hay que destacar es que Cristo tiene un papel central en el cumplimiento de esa voluntad divina. Es en Cristo que el misterio se nos ha dado a conocer. Pero mucho más, Cristo mismo, y su función de reunir todas las cosas en sí, es el centro del propósito escondido de Dios. Cristo no es solamente la revelación del misterio, sino que será también su cumplimiento.

Por último, el tercer punto que hay que recalcar es que este misterio involucra a la creación entera: el propósito de Dios es reunir en

Cristo, como en una sola cabeza, «todas las cosas . . . así las que están en los cielos, como las que están en la tierra» (1:9-10).

JUZGUE: Esto nos enfrenta de plano una vez más con el misterio. ¿Cómo ha de ser? No lo sabemos. Pero lo que el texto dice es que el propósito eterno de Dios incluye *todas* las cosas. Me incluye a mí, pecador que soy. Nos incluye a todos quienes seguimos este estudio. Pero incluye mucho más. Incluye «todas las cosas». Incluye las cosas que están en los cielos, e incluye las cosas que están en la tierra. Incluye las almas e incluye los cuerpos. Incluye las personas e incluye los animales, las plantas, y hasta las cosas inanimadas. Incluye los individuos, las familias, las comunidades y los pueblos. Incluye las cosas que existen ahora y las que existieron hace quince siglos.

Cómo pueda ser tal cosa, yo no lo sé. Pero eso es lo que dice nuestro pasaje con todas sus letras. ¡No en balde se nos dice que es misterio! Es más: es misterio de misterios.

¿Por qué cree usted que se nos hace tan difícil aceptar la frase «todas las cosas» en este pasaje y en nuestra religión? ¿No será que nuestra fe es demasiado estrecha, que creemos que Dios sólo se ocupa de nosotros los seres humanos y de nuestras almas? ¿No será que nuestro Dios es demasiado pequeño?

ACTÚE: *Ore:*
Gracias, Señor, porque tu voluntad es más grande que todo lo que yo pueda imaginar. Gracias, porque el misterio de esa voluntad nos ha sido suficientemente revelado como para saber que tú nos incluyes en tu eterna voluntad de redención, que tú nos has de unir en Cristo como bajo una sola cabeza. Y gracias porque, aunque no podamos comprender tu misterio, tú nos garantizas que sí podemos confiar en él. Tómame en tus brazos, divino Señor. Llévame adonde tú desees. Haz de mí lo que quieras. Porque lo que tú desees, y lo que tú quieras, será infinitamente mejor que todo lo que yo pudiera soñar. Amén.

Quinto día   *Lea* Efesios 1:3-14

VEA: Seguimos estudiando este inmenso pasaje, que comienza hablando de cosas «antes de la fundación del mundo», y termina hablando acerca de la consumación de los tiempos.

Fíjese hoy en los versículos 12 y 13. Note que allí aparecen dos términos: «vosotros» y «nosotros». Éste es otro de los temas centrales de Efesios: la relación entre los judíos («nosotros», dice Pablo) y los gentiles («vosotros»).

La iglesia, que al principio había sido completamente judía en su membresía, se iba volviendo cada vez más gentil. Esto traía problemas, dudas y discusiones. Algunos judíos convertidos al cristianismo sentían celos de los gentiles, a quienes veían como advenedizos y miembros de segunda clase. Algunos de los cristianos y cristianas procedentes de entre los gentiles despreciaban a los judíos, y hasta llegaban a pensar que eran mejores que los judíos, cuyo lugar ellos ahora tomaban.

Lo que Pablo dice a través de toda esta carta es que el centro de nuestra fe es Cristo. Seamos judíos o gentiles, es por Cristo y en Cristo que somos salvos, y sobre todo que, puesto que el propósito de Dios es la unidad de todos bajo Cristo, quienes desprecian a unos o a otros, desprecian ese propósito y se apartan de Cristo.

JUZGUE: El tiempo ha transcurrido, y quienes para Pablo eran «vosotros», es decir, los creyentes de origen gentil, nos hemos vuelto «nosotros». Hoy día la mayoría de los miembros de la iglesia cristiana son de origen gentil.

Pero no por eso deja de haber cuestiones semejantes a las que preocupaban a Pablo. En los Estados Unidos, como hispanos en iglesias que en su mayoría reflejan otra cultura, frecuentemente nos sentimos como extranjeros o advenedizos. La iglesia de la cultura dominante tiende a hablar en términos de «nosotros», y para ellos los creyentes hispanos somos «vosotros»; es decir, somos otra cosa, algo que no encaja en el centro mismo de la iglesia.

¿Qué cree usted que Pablo diría al respecto? Si el «misterio» del evangelio es que Dios ha decidido unirlo todo en Cristo, ¿qué nos dice esto acerca de ese contraste entre *nosotros* y *vosotros* (entre *nosotros* y *ustedes*)? ¿No será parte del mensaje del evangelio que quienes llegaron primero (los judíos en la antigüedad, o los anglos en la iglesia de hoy) no tienen derecho a reclamar privilegios por el hecho de haber llegado primero? ¿No será parte del mensaje de Pablo que todos estamos aquí únicamente por la gracia del «Dios y Padre de nuestro Señor Jesucristo»?

ACTÚE: Pregúntese cuál de las dos descripciones siguientes se le aplica mejor a usted:

☞ Tengo cierta tendencia a pensar que, porque soy hispano, no soy tan importante en la iglesia como otras personas. Estoy agradecido de que me permiten estar en la iglesia.

☞ Tengo cierta tendencia a pensar que lo latino es mejor que lo anglo, y que por lo tanto mis hermanos de la cultura dominante no pueden entender la fe cristiana tan bien como la entiendo yo.

Ahora pregúntese, a la luz de lo que Pablo dice sobre el plan de Dios, de reunirnos a todos bajo Cristo como bajo una sola cabeza, cómo su actitud debe cambiar. Anote sus reflexiones. Pídale a Dios en oración que le ayude a cambiar. En los días venideros, repase sus notas sobre esto, a ver si de veras está reflejando el plan de Dios, de unir *todas* las cosas en Cristo.

Sexto día   *Lea* Efesios 1:13-14

VEA: Hoy vamos a estudiar por última vez este pasaje tan rico. Fíjese hoy en los últimos dos versículos: 13 y 14. Aquí Pablo trata sobre el Espíritu Santo.

Note que lo que Pablo dice es que quienes hemos creído en Cristo hemos sido «sellados» con el Espíritu Santo. Esto se refiere a la marca que en la antigüedad se utilizaba para indicar que algún animal o cosa (o a veces un esclavo) pertenecía a alguien—algo parecido a como en algunas partes todavía se marca el ganado. Estar «sellados» con el Espíritu Santo es llevar su marca.

Esta marca es tanto señal como anticipo de la promesa que hemos de recibir. Es por eso que Pablo dice que el Espíritu Santo es las «arras» de nuestra herencia (es decir, el anticipo o la garantía).

Lo que el Espíritu Santo hace, entonces, es tanto afirmar en nosotros esa esperanza como ayudarnos a vivir como quienes hemos recibido tal promesa. El Espíritu es nuestro anticipo del Reino venidero.

JUZGUE: ¿Conoce usted iglesias o grupos cristianos que dicen ser muy espirituales, y tener el bautismo del Espíritu Santo, pero donde hay rencillas constantes, se cometen injusticias y en general falta el amor? ¿Pueden tales grupos decir que el Espíritu es el anticipo del Reino, cuando en su propia vida parecen estar tan lejos del Reino?

Si de veras tenemos este Espíritu Santo que es anticipo y garantía del Reino prometido, ¿cómo debe manifestarse eso en nuestras vidas? ¿Cómo debe manifestarse en la comunidad de fe? Recuerde que el Reino se caracteriza por el amor, la paz y la justicia.

ACTÚE: En respuesta a las preguntas que acabamos de plantear, pregúntese qué puede hacer usted para dar señales más claras de que de veras vive en anticipo del Reino prometido. Escriba sus respuestas. Comprométase a seguirlas. Pida la ayuda de Dios para hacerlo.

Séptimo día *Lea* Efesios 1:15-23

VEA: Pablo pasa ahora a dar gracias por la fe de sus lectores. Note que este primer capítulo de Efesios sigue un orden muy parecido al de las otras cartas de Pablo que hemos estudiado: Primero Pablo se identifica tanto a sí mismo como a sus lectores. Luego da gracias a Dios en alabanza (lo cual en esta epístola toma la forma de la larga doxología que acabamos de estudiar) y por último eleva sus oraciones por sus lectores.

Esta oración, como en las otras cartas, es tanto de gratitud como de petición. Pablo da gracias por la fe de sus lectores. Pero también ruega que tengan tales cosas como «espíritu de sabiduría y de revelación en el conocimiento de él», que los ojos de su entendimiento sean alumbrados, que sepan cuál es la esperanza a que han sido llamados, entre otras. (Trate de leer el texto con detenimiento, notando todo lo que Pablo pide para sus lectores.)

JUZGUE: Al estudiar Colosenses, vimos que Pablo se preocupaba por los falsos conocimientos que circulaban en Colosas, así como por un entendimiento parcial del señorío de Jesucristo, que colocaba unas cosas bajo ese señorío, pero declaraba que otras cosas eran en sí mismas malas y no tenían lugar alguno en la vida cristiana. ¿Cree usted que en este pasaje se ven señales de preocupaciones y temas semejantes? Lea el pasaje, subrayando con un lápiz de un color todas las palabras que tienen que ver con conocimiento, entendimiento, sabiduría, entre otras. Vuelva a leerlo, marcando con otro color las palabras que indican el alcance total del señorío de Cristo (palabras tales como *todo* y *toda*).

◗ ¿Ve usted alguna relación entre esta epístola y Colosenses?

ACTÚE: Piense en la cosa que usted más tema. (Puede ser otra persona, una enfermedad, la muerte, la miseria, algún animal, y así sucesivamente.) Escríbala en su cuaderno de reflexiones.

Ahora escriba en su cuaderno esta frase: «sometió todas las cosas bajo sus pies». Copie la misma frase, pero en lugar de «todas las cosas» escriba eso que usted más teme.

Lea lo que ha escrito. Vuélvalo a leer, hasta que vea que lo que usted ha escrito es parte de las buenas nuevas del evangelio. Ore pidiéndole a Dios que le ayude para de veras creer lo que ha escrito, y que le dé señales de su poder sobre eso que usted tanto teme. Decida actuar como quien sabe que ese enemigo está vencido, que su Señor es más fuerte que cualquier enemigo.

PARA EL ESTUDIO EN GRUPO: Pídale al grupo que repase en voz alta algunos de los puntos más importantes que han aprendido durante los últimos cinco días de estudio, cuando hemos meditado sobre los versículos 3-14.

Tras ese repaso, señale que el texto de hoy empieza diciendo «Por esta causa»; es decir, que lo que sigue es la consecuencia de lo que antecede. Es por causa de lo que dice en su gran doxología que Pablo no cesa de dar gracias por sus lectores.

Si una cosa se sigue de la otra, deberá ser posible ver relaciones entre ambas. Sugiérale esto al grupo. Vaya leyendo el texto lentamente, preguntando qué relación hay entre lo que se está leyendo y lo que hemos estudiado durante el resto de la semana.

Quizá la relación más importante, en la cual usted como líder puede hacer hincapié, es que en la doxología el gran misterio era de reunir «todas las cosas». Aquí Pablo pide que sus lectores sean capaces de entender que Dios ha sometido todas las cosas bajo los pies de Cristo. En ambos casos, lo importante es que veamos ese alcance amplio de la obra y del poder de Cristo.

Novena semana

Primer día   *Lea* Efesios 2:1

VEA: En este versículo, se destaca el contraste entre la nueva vida que Cristo da y la vieja muerte en que creímos vivir. Dos veces en los primeros versículos del capítulo 2 se nos dice que hemos recibido «vida» (2:1, 5). Esta vida no viene por algo que hayamos hecho, ni alguna esperanza de bien que haya en nosotros. Al contrario, es vida que viene en medio de la muerte. Fue cuando estábamos muertos en nuestros delitos y pecados que Cristo nos dio vida.

JUZGUE: Posiblemente usted haya oído hablar muchas veces de la vida nueva en Cristo o del nuevo nacimiento. Recuerde que esto quiere decir que la promesa de nueva vida está siempre allí, hasta para quien parezca estar muerto y sepultado en pecado.

Esto a su vez implica los siguientes dos puntos importantes:

◆ Primero, cuando estamos a punto de perder la esperanza porque hemos pecado, hay oportunidad de vida nueva.

◆ Segundo, lo mismo es cierto de las demás personas cuando han pecado, por enorme que sea su pecado. Hay perdón para mí. Pero también yo tengo que perdonar a los demás.

Para aclarar este punto, piense en la parábola de Jesús que aparece en Mateo 18:23-35: «la parábola de dos deudores». En esa parábola, un rey le perdonó a uno de sus súbditos una gran deuda, y luego ese mismo súbdito, cuando se encontró con otro que le debía mucho menos, no estuvo dispuesto a perdonarle. Todos somos súbditos a quienes el rey nos ha perdonado una enormidad de deudas.

Somos como muertos a quienes el Señor ha dado nueva vida. Todo esto lo hemos recibido, no porque fuésemos buenos o mejores que los demás, sino «por gracia» de Dios. Y ahora, cuando vemos a alguien que es también deudor, que sigue muerto en sus pecados, ¿con qué autoridad o derecho nos atrevemos a decir que el perdón que hemos recibido no es también para esa persona? Y sin embargo, eso es frecuentemente lo que hacemos.

Estamos en la iglesia, y nos enorgullecemos de nuestra fe y buenas obras. Y si entonces viene alguien cuyo pecado es notorio, en lugar de recibirle con los brazos abiertos, lo que hacemos es rechazarle porque es pecador. Si eso hacemos, la parábola de Jesús nos viene muy bien, y debería darnos qué pensar.

ACTÚE: *Ore:*

Ayúdame, Señor, a recordar que si vivo a pesar de todos mis pecados y todo lo que he hecho o dejado de hacer, ello se debe solamente a ti, que me diste vida en medio de mi muerte. Y ayúdame sobre todo a recordar, si veo a otra persona muerta en sus pecados, que para ella también tú tienes la misma vida y el mismo amor con que me amaste y me diste vida. Amén.

Segundo día   *Lea* Efesios 2:2-3

VEA: El texto sigue hablando del contraste entre la vieja «vida», que en realidad es muerte, y la nueva vida en Cristo. En el pasaje, el «príncipe de la potestad del aire, el espíritu que ahora opera en los hijos de desobediencia», no es otro que Satanás. Éste es quien domina «la corriente de este mundo».

Note además que la condición de estar muertos en pecado no es exclusiva de algún grupo particularmente malvado, sino que es la condición natural de todos los seres humanos. Pablo dice, refiriéndose a él mismo, que «también nosotros vivimos en otro tiempo en los deseos de nuestra carne».

Note por último que el mal consiste en seguir no solamente «la voluntad de la carne», sino también la de los pensamientos. No es que la carne sea mala y los pensamientos buenos, sino que el ser humano todo es pecador.

JUZGUE: Hay otra dimensión de la nueva vida que es igualmente importante que el perdón que hemos recibido, y que muchas veces olvidamos. La nueva vida implica el fin de la vieja. No es sencillamente cuestión de decir, «Sí, acepto a Jesucristo», y seguir viviendo como antes. Si la vieja vida era muerte, hay que morir a ella.

Es por esto que el texto habla de «la corriente de este mundo, conforme al príncipe de la potestad del aire, que ahora opera en los hijos de desobediencia». La «corriente de este mundo» es poderosa y tentadora. Pero quien ha muerto a la vieja vida y vive en Cristo, tiene que sustraerse a ella.

Veamos un ejemplo: La semana pasada estudiamos el caso de Filemón y Onésimo. La «corriente de este mundo» decía que los esclavos debían seguir siéndolo, y que el esclavo que huía, o que hacía cualquier mal, debería pagarlo. Pero Pablo le dice otra cosa a Filemón. La «corriente de este mundo» nos dice que si alguien nos ha hecho mal, tenemos derecho a cobrárnosla. En el orden de la vida nueva, sabemos que no somos sino pecadores a quienes mucho se nos ha perdonado, y que por lo tanto no tenemos derecho a cobrárnosla de nadie.

La semana pasada pensamos en alguien con quien no nos habíamos reconciliado, y nos hicimos el propósito de reconciliarnos. ¿Lo hemos hecho? ¿O nos hemos dejado llevar por «la corriente de este mundo»?

La semana pasada hablamos también de cómo las barreras sociales (que son parte de «la corriente de este mundo») se infiltran en la iglesia.

◆ ¿Qué hemos hecho para deshacernos de esas barreras?

Si seguimos obedeciendo a «la corriente de este mundo», ¿podemos decir que de veras tenemos vida nueva?

ACTÚE: Anote en su cuaderno de reflexiones un aspecto de «la corriente de este mundo» que todavía le resulte atractivo. Ore pidiéndole a Dios que le dé muerte a su vieja vida y sus viejos deseos, y fortalezca su nueva vida en Cristo.

Tercer día   *Lea* Efesios 2:4-7

VEA: En estos versículos se exaltan el amor y la misericordia de Dios, en contraste con nuestro pecado y muerte. Como ya lo dijo el versículo 1, Dios nos dio vida aun en medio de nuestra muerte. En el versículo 5 se repite lo que se dijo en el primer versículo; es decir, que tenemos nueva vida en Cristo. Pero en este segundo caso se establece una relación con la resurrección de Cristo. Cristo también estaba muerto, y Dios le levantó de entre los muertos. Tenemos nueva vida, no por algo que hayamos hecho, sino porque hemos resucitado con Cristo; porque en medio de nuestra muerte, Dios nos ha dado nueva vida. El mismo Dios que le dio vida a Cristo cuando estaba muerto, nos la ha dado a nosotros en nuestra muerte. Es por la resurrección de Cristo que tenemos vida.

JUZGUE: ¿Cree usted que haya alguien cuyos pecados sean tantos y tan grandes que no tenga posibilidad de redención? Eso es lo que nos gusta creer, porque así podemos imaginarnos que somos mejores que las demás personas.

Pero este texto señala lo contrario. Nadie hay que haya pecado tanto que no tenga posibilidad de redención. Siempre hay la posibilidad de nueva vida. Es por esto que el texto subraya tanto que la vida viene en medio de la muerte, y que esto es «por gracia». La nueva vida no es como quien saca a alguien del agua, aparentemente ahogado, y logra revivirlo a base de respiración artificial. Esa persona no estaba muerta. La nueva vida es más bien, como en el caso de Jesús, estar muerto, verdaderamente muerto, tres días muerto, y entonces recibir vida. La nueva vida es «por gracia». No es que quedara en nosotros algún resto de vida, o algún poquito de bien. Es que, cuando estábamos muertos, Cristo nos dio vida. Cuando no éramos sino pecadores perdidos, Cristo nos redimió.

Esto es muy importante, y hay que seguirlo predicando, enseñando y experimentando en carne propia, pues sin ello no hay evangelio.

ACTÚE: Varias veces hemos hablado de la necesidad de reconocer que hasta la persona más pecadora que conozcamos no está fuera del alcance de la redención. Piense en alguna persona a quien usted conoce que parezca estar lejos de Dios. Anote el nombre de esa persona en su cuaderno de reflexiones. Ore por él o ella. Hágase el propósito, tan pronto como se le presente la oportunidad, de hacerle ver que todavía puede alcanzar nueva vida. Siga orando por esa persona durante el resto de este trimestre.

Cuarto día *Lea* Efesios 2:8-10

VEA: Aquí se recalca lo que vimos ayer, que la salvación es por gracia o, lo que es lo mismo, gratis. Es don de Dios. Esto es consecuencia del contraste entre la muerte y la vida. Nadie puede sacar vida de la muerte, sino solamente Dios. El muerto no puede darse vida a sí mismo. De igual modo, la nueva vida, la salvación, es don de Dios, y no logro humano, «para que nadie se gloríe».

Pero el que la salvación sea por gracia no quiere decir que debamos dejar que Dios lo haga todo, y no preocuparnos por nada. No, sino que Dios nos ha creado en Cristo Jesús para que hagamos buenas obras. Estas obras son tan importantes que Dios las «preparó de antemano para que anduviésemos en ellas».

JUZGUE: Al terminar esta sección de Efesios (2:1-10), es bueno que usted vuelva sobre lo que hemos venido recalcando todos estos días: La nueva vida no implica solamente una nueva oportunidad, sino también un modo distinto de vivir. En días pasados hemos considerado «la corriente del mundo» (Efesios 2:2). Ésa es la corriente fácil que siguen los «hijos de desobediencia». Pero ser cristiano es ir contra esa corriente, contra la corriente que piensa que el éxito en la vida se mide por los éxitos financieros, sociales o intelectuales. Frente a la corriente del mundo, está la vida que hemos venido estudiando todo este trimestre: vida de amor y de servicio.

Oponerse a la corriente no es fácil. Recuerde este dicho: «camarón que se duerme, se lo lleva la corriente». Al cristiano que se duerme, se lo lleva la corriente. Hay que estar despiertos. Hay que estar fortalecidos por el Espíritu (Efesios 3:16). Hay que conocer y reconocer el contraste entre la «corriente del mundo», que es parte de la muerte a que se refiere el texto, y la nueva vida en Cristo. No es posible gozar de esa nueva vida y seguir esa corriente. Hay que tomar una decisión. Decidir por Cristo no es solamente levantar la mano o ir al frente en un culto evangelístico. Es también y sobre todo deshacerse de la vida vieja, que no es sino muerte, y vivir según la nueva vida.

▶ ¿Conoce usted alguna persona que viva contra «la corriente del mundo»? ¿La admira usted? ¿por qué?

ACTÚE: Repase lo que usted ha escrito en su cuaderno de reflexiones durante esta semana, sobre cómo evitar dejarse arrastrar por «la corriente del mundo». Si en algo se ha dejado arrastrar, ore pidiendo perdón y nuevas fuerzas. Si en algo ha logrado resistir, ore dándole gracias a Dios, pues ese logro es más obra de Dios que de usted. Escriba en su cuaderno una oración expresando estos sentimientos. Repítala.

Quinto día   *Lea* Efesios 2:11-12

VEA: Este texto requiere un poco de explicación. En el texto de hace unos días se nos dijo que todos los seres humanos somos hijos de desobediencia, muertos en nuestros pecados. Hoy se nos dice que algunos estaban lejos (y por implicación, que otros estaban más cerca). Lo que sucede es que en este texto el apóstol Pablo está tratando sobre la cuestión de la relación entre judíos y cristianos.

Al leer todas las cartas de Pablo (especialmente Romanos y Gálatas), nos damos cuenta de que este problema era agudo. ¿Qué relación había entre el cristianismo y el judaísmo? Naturalmente, al principio todos los creyentes en Cristo eran de origen judío—como lo fue Jesús, y como lo fueron también todos los apóstoles. Poco a poco otras personas de origen gentil fueron entrando a la iglesia.

En estos tres versículos, y en los que siguen, Pablo les está diciendo a las personas de origen gentil que son tan valiosas, y tan aceptas ante Dios, como las personas de origen judío.

JUZGUE: La razón por la cual hemos separado estos tres versículos de los que siguen es la necesidad de detenernos a pensar sobre las relaciones entre el cristianismo y el judaísmo, y sobre todo sobre las relaciones entre quienes siguen una y otra de estas religiones.

Esto es muy importante, pues un falso entendimiento de lo que el Nuevo Testamento dice con respecto al judaísmo ha llevado a fuertes prejuicios por parte de los cristianos contra los judíos, y hasta a trágicas matanzas de judíos. El Nuevo Testamento no dice que el judaísmo sea falso, o que los judíos sean malos, o que sigan a un Dios falso. Al contrario, según el Nuevo Testamento, así como toda la Biblia, los judíos fueron escogidos por Dios como pueblo al cual revelarse especialmente.

Lo que ha sucedido en Cristo es que toda esa revelación y toda la gran historia de los judíos se han hecho disponibles a las personas de origen gentil. Eso es lo que dice el texto: ellos (los judíos) estaban cerca; nosotros (los gentiles) estábamos lejos. En Cristo, hemos sido hechos uno. Ya no somos extranjeros ni advenedizos. Ahora somos hijos de Abraham, al igual que lo son sus descendientes según la carne.

Eso es lo que dice el texto. No es que Dios haya rechazado a las personas de origen judío. Al contrario, por la gracia de Dios las personas de origen gentil, que antes estábamos lejos, hemos sido hechos cercanas.

ACTÚE: ¿Conoce usted a alguien de origen judío? ¿Lo trata usted con amor, como hija o hijo de Dios? ¿Está usted agradecido a Dios por todo lo que ha hecho a través de Abraham y su descendencia? Recuerde, entre otras cosas, que es a través de ese pueblo que hemos recibido buena parte de la Biblia, y que fue en medio de ese pueblo, y como uno de ellos, que Jesús vino a nosotros. Reflexione sobre sus relaciones con personas de origen judío, y cómo puede usted mostrarles el amor de Dios. Anote sus reflexiones y sus experiencias.

Sexto día *Lea* Efesios 2:13-16

VEA: Continúa el mismo tema. Específicamente, estos versículos se refieren a la enemistad y la pared de separación entre personas de origen judío y gentil. Es por eso que Pablo dice que Cristo abolió «en su carne . . . los mandamientos expresados en ordenanzas». Tales mandamientos, como la circuncisión y las leyes sobre la comida, eran la principal barrera entre judíos y gentiles. Pero ahora Cristo los ha destruido.

Pero esos versículos se refieren también a toda otra barrera que construimos para separarnos unos de otros. En la comunidad cristiana tales barreras no pueden subsistir.

Note el precio de la unidad. Es «en su carne» y «mediante la cruz» que Cristo ha derribado «la pared intermedia de separación», de modo que quienes estábamos lejos pudiésemos ser hechos cercanos. La división, las paredes intermedias de separación, deben ser cosa seria e importante, cuando Cristo sufrió la cruz para derribarlas.

JUZGUE: ¿Hay barreras en medio de su iglesia o comunidad de fe? A veces tenemos desacuerdos sobre algo que la iglesia debería o no debería hacer. Esos desacuerdos no son malos, pues es de la diversidad de opiniones que surgen las mejores ideas. Pero si permitimos que esos desacuerdos se vuelvan divisiones, rencillas o celos, es posible que estemos cometiendo un grave pecado.

Piense: Si Cristo murió en la cruz para derribar la pared intermedia de separación, y nos dedicamos a construir nuevas paredes y nuevas separaciones, ¿no estaremos haciendo vana la cruz de Cristo?

◗ ¿Qué clase de testimonio estamos dando a un mundo dividido si nosotros estamos igualmente divididos?

◗ Si nos damos el lujo de actuar como actúan quienes no tienen a Cristo, ¿no nos estaremos dejando llevar por «la corriente de este mundo»?

ACTÚE: Haga una lista de aquellas personas en su iglesia o comunidad de fe con quienes usted no se lleve; es decir, personas de quienes usted esté apartado por cualquier razón. Junto al nombre de cada persona, anote las razones de su desavenencia. Hágalo con sinceridad, sabiendo que su cuaderno de reflexiones es privado.

Cuando haya completado la lista, vaya repasando esos nombres uno por uno. Sobre cada uno, y las razones que haya anotado para su enemistad o conflicto con esa persona, pregúntese: *¿Son estas razones suficientemente importantes para que yo trate de reconstruir la pared intermedia de separación que Cristo derribó?*

Anote sus reflexiones en su cuaderno.

Si el tiempo se lo permite, haga lo mismo otra vez, pero ahora escribiendo una lista no de personas, sino de iglesias o denominaciones distintas de la suya. A la luz de la cruz de Cristo, quien «en su carne» abolió las enemistades, ¿son válidas esas divisiones? Una vez más, anote sus reflexiones.

Séptimo día

VEA: Según Pablo, los judíos fueron llamados por Dios, quien les dio sus leyes y mandamientos. Una de esas leyes es la circuncisión, ordenada por Dios para los judíos. Pero esto no quiere decir que para ser cristianas, las personas de origen gentil tengan que hacerse judías.

Los judíos son quienes según el versículo 17 «estaban cerca». Los gentiles somos los que estábamos lejos (2:17). El texto de hoy, como toda la Epístola a los Efesios, está dirigido a creyentes gentiles, como se ve antes en el mismo capítulo (2:11): «vosotros, los gentiles en cuanto a la carne. . .» Y lo que Pablo les dice a estos creyentes gentiles es que ya no son «extranjeros ni advenedizos»; que no son creyentes de segunda clase; que no tienen que circuncidarse y cumplir todas las leyes y ritos judíos; que Cristo ha deshecho la vieja división entre judíos y gentiles, y «de ambos pueblos hizo uno».

Note que, según el versículo 18, tanto las personas de origen judío como las otras tienen entrada por Cristo y por medio del Espíritu. No es que el pueblo judío tuviera una entrada distinta, y ahora las personas de origen gentil que se unen a la iglesia entran de otro modo o por otra razón. Cuando de relaciones con Dios se trata, ninguno de los dos grupos puede reclamar ventaja, ni haber llegado primero, ni ser el medio por el cual los otros han de llegar.

El resultado es que ambos grupos ahora son «miembros de la familia de Dios». Es decir, que tanto personas de origen judío como otras de origen gentil son ahora parte, no ya solamente de un mismo pueblo, sino de una sola familia. Son parientes entre sí, aunque no puedan señalar a algún antepasado común.

Todos juntos son entonces como un edificio que se va edificando como un templo santo. Y en ese edificio todos forman parte, «para morada de Dios en el Espíritu».

JUZGUE: El texto habla de un pueblo que estaba cerca y otro que estaba lejos, y de cómo en Cristo quienes estaban lejos ya no son extranjeros ni advenedizos, sino miembros del mismo pueblo, la misma ciudadanía y la misma familia.

En muchas de nuestras iglesias hispanas, este texto nos hará pensar sobre nuestra relación con los cristianos de la cultura dominante. La fe evangélica o protestante nos ha llegado de esa cultura. En ese sentido, nosotros (o nuestros antepasados) estábamos lejos. No pertenecíamos a las iglesias evangélicas a las que ahora pertenecemos. Eso lo hemos recibido de la cultura de habla inglesa, de igual modo que los primeros cristianos gentiles recibieron de los judíos todo el trasfondo histórico de su fe.

En ese sentido, es posible comparar nuestra situación a la de aquellos gentiles a quienes Pablo se dirige, diciéndoles que en otro tiempo estuvieron lejos, ajenos a la ciudadanía de Israel. Nosotros también en otro tiempo pertenecimos a otras iglesias (o a ninguna), mientras hay otros a nuestro derredor cuyos antepasados han sido parte de estas iglesias evangélicas por generaciones y generaciones.

En tales circunstancias es fácil pensar que somos extranjeros y advenedizos. Si vivimos en los Estados Unidos, es posible que muchos de nosotros no seamos siquiera ciudadanos de la misma nación a la que pertenece el resto de nuestra denominación.

Por esas razones, muchas veces hay en las iglesias prejuicios contra nosotros los hispanos. Si compartimos un templo con una congregación de habla inglesa, a veces sentimos que estamos allí como «invitados»—o, como una vez me dijo una hermana, «como prestados». A veces los que pertenecen a la cultura dominante nos tratan con condescendencia, como si fuésemos niños pequeños. Otras veces nos humillan, haciéndonos sentir que todo se lo debemos a ellos.

Y lo peor del caso es que muchas veces nosotros mismos aceptamos esos prejuicios, y nos hacemos partícipes de ellos. Si se nos trata como a extranjeros y advenedizos, aceptamos ese trato, aceptando además esa condición de extranjeros y advenedizos.

Pero lo que el texto bíblico dice es muy distinto. Según el texto bíblico, en este pueblo que Cristo ha creado no hay extranjeros ni advenedizos, sino conciudadanos y miembros de la familia de Dios. Todos somos conciudadanos en Cristo, inclusive quienes no tienen documentos legales de ciudadanía o de residencia en el país. Todos, no importa la raza, la cultura o el idioma, somos miembros de la misma familia.

La imagen de la iglesia como un edificio, y Cristo como piedra principal del ángulo, ilustra esto claramente. En un edificio, cada piedra tiene su lugar. Las que llegaron primero no son más importantes que las que llegan después. Lo que es más, cada piedra cobra su importancia, no por sí sola, sino como parte del edificio. En Cristo somos un edificio. Como piedras aisladas, no valemos gran cosa. Nuestro valor está en ser parte del edificio. Y eso es cierto tanto de las piedras que llegaron primero como de las que llegan después.

ACTÚE: Dirija sus pensamientos en dos direcciones, al parecer contrarias, pero que en realidad llevan a lo mismo:

En primer lugar, recuerde que si usted es creyente, lo es únicamente por la gracia de Cristo, y que lo mismo es cierto de cualquier otra persona, por muy importante que parezca ser. No hay líder en la iglesia, sea de nuestra cultura, de la cultura dominante norteamericana, o de cualquier otra cultura, que merezca nada en lo más mínimo. En consecuencia, nadie vale más que usted. Reflexione sobre esto y anótelo en su cuaderno.

En segundo lugar, recuerde que Cristo murió por usted y por cada otra persona con quien usted se encuentra. Esto le da a usted, y a esa otra persona, un valor infinito. Luego, si alguien le humilla a usted, menosprecia a Cristo y su cruz. Y lo mismo si usted menosprecia a alguien. Reflexione también sobre esto y anote sus reflexiones.

PARA EL ESTUDIO EN GRUPO: Cuente lo siguiente al grupo:

En cierta ciudad norteamericana, había un templo cuyas facilidades eran compartidas por dos congregaciones. Una congregación, más antigua y rica, pero de menos miembros, era de habla inglesa y de raza blanca. La otra congregación, más nueva y más pobre, pero con más miembros y más actividades, era latina. Un día surgieron conflictos entre los dos grupos, y esos conflictos llegaron a tal punto que el obispo tuvo que intervenir.

En su visita, tras escuchar lo que cada grupo tenía que decir, el obispo le dijo al grupo latino: «Recuerden que, después de todo, ustedes aquí son invitados, y tienen que comportarse como tales».

Tras contar esta historia, dirija al grupo en una discusión de lo que dijo el obispo. ¿Sería verdad? ¿A quién le pertenece la iglesia? ¿Quiénes son los invitados? (En cierto sentido, todos somos invitados, pues la iglesia le pertenece a Jesucristo. Pero lo que es ciertamente falso es que la iglesia les pertenece a unas personas, y que otras son invitadas o visitantes.)

Después de la discusión, lea el texto bíblico una vez más, y pregúntele al grupo qué piensa que Pablo diría al respecto.

Décima semana

Primer día

Lea Efesios 3:1

VEA: El texto en *La Santa Biblia*, Antigua Versión de Reina-Valera, Revisión de 1960, no es fácil de entender. *Dios habla hoy*, La Biblia Versión Popular, está más clara: «Por esta razón yo, Pablo, estoy preso por causa de Cristo Jesús para bien de ustedes, los que no son judíos».

Note en primer lugar que la razón por la cual Pablo dice que está preso es lo que acabamos de estudiar la semana pasada. Recuerde que lo que estudiamos era la obra reconciliadora de Jesucristo, derribando las paredes intermedias de separación, y haciendo uno a quienes antes estaban separados. Esto es un mensaje de amor y reconciliación. Y, sin embargo, Pablo dice que es por ese mensaje que está preso.

Al leer el libro de Hechos, especialmente a partir del capítulo 21, vemos que lo que Pablo dice es cierto. Según Hechos, Pablo fue arrestado en Jerusalén porque algunos de los líderes judíos estaban molestos por su predicación a los gentiles. Fueron ellos quienes le acusaron ante las autoridades romanas. Luego, aunque Pablo está en una prisión romana, probablemente en Roma, la causa de ello es el hecho de que tomó en cuenta lo que nos acaba de decir en Efesios 2. Su mensaje de reconciliación entre el pueblo judío y las personas de origen gentil no cayó bien entre algunos de los líderes judíos de Jerusalén, y es precisamente por esa causa que está preso.

Esto es lo que quiere decir la frase «por vosotros los gentiles». Pablo está preso por haber invitado a personas de origen gentil a unirse al pueblo de Dios sin hacerse judías; por haberles dicho que las promesas hechas en la antigüedad a Abraham y su descendencia era también para ellas.

JUZGUE: A primera vista, puede parecer extraño el que por predicar la reconciliación, Pablo haya tenido que pagar tan alto precio. Pero lo cierto es que la reconciliación no es cosa fácil. Cuando hay prejuicios y enemistades, lo más común es que alguien se considere superior a otras personas. Lo que es más, lo que sucede muchas veces es que, si hay dos grupos, cada uno de ellos está convencido de que es superior al otro. En tales situaciones, tratar de lograr una reconciliación equivale a decirles a las personas involucradas que no son superiores. Y esto a veces crea rencor y enemistad contra quien se dedica a buscar la reconciliación. Pablo se ganó la enemistad de los jefes judíos, porque si lo que él les decía a los gentiles era cierto, los judíos no eran superiores a los paganos. Y esto es algo que esos jefes no podían tolerar.

Es por eso que la cruz de Cristo ocupa un lugar tan importante en la obra de reconciliación. La cruz misma es índice de que la reconciliación no es fácil, y que a veces no se logra sin pagar un alto precio.

Piense en las divisiones o rencillas entre personas que usted conoce. Si las hay, piense en las divisiones dentro de su iglesia o comunidad de fe. Si usted se dedica a buscar la reconciliación, ¿no es probable que ambos bandos se peleen con usted?

La semana pasada hablábamos de la variedad de culturas en la iglesia. Decíamos, por ejemplo, que en la mayoría de nuestras denominaciones en los Estados Unidos quienes dominan son las personas de la raza blanca, cuya lengua materna es el inglés. Las personas de origen latino, si están en una congregación mayormente angla y de habla inglesa, frecuentemente son relegadas a segundo plano— excepto si son profesionales altamente educados, en cuyo caso la dinámica es distinta. Y decíamos que hay muchísimas iglesias de origen latino y de habla hispana que apenas cuentan con recursos para funcionar, mientras otras iglesias de la cultura dominante no saben qué hacer con sus fondos.

Esto indica que hay necesidad de reconciliación. Hay necesidad de una verdadera reconciliación en la que cada uno de los dos grupos se pregunte si en algo ha pecado, y ambos se comprometan a hacer todo lo posible por ser verdaderamente uno en Cristo.

Pero esa misma necesidad de reconciliación puede llevar a una situación tal que las personas que se dediquen a buscar la paz y a unir ambos grupos, terminen ganándose la enemistad de uno o hasta de ambos grupos.

La obra de reconciliación no es fácil.

ACTÚE: Mire en derredor suyo y vea dónde hay necesidad de reconciliación. Ore por esa situación. Si Dios le llama a ello, acérquese a ambas partes y busque la reconciliación. Pero no se sorprenda si el resultado es que ambas partes empiezan a mirarle a usted con suspicacia. Recuerde y repita la famosa oración de San Francisco de Asís.

Segundo día *Lea* Efesios 3:2-7

VEA: Una vez más, Pablo vuelve sobre el tema del «misterio». Dice que este misterio le fue dado «por revelación». Esto podría llevarnos a pensar que se trata de una revelación privada que el apóstol recibió. Pero al seguir leyendo, vemos que el misterio le ha sido revelado «a sus santos apóstoles y profetas por el Espíritu». No se trata entonces de una revelación que Pablo ha recibido privadamente, sino de una revelación que el Espíritu le ha dado a la iglesia a través de sus líderes.

Pablo dice cuál es el contenido de ese misterio: «que los gentiles son coherederos y miembros del mismo cuerpo». Aunque sin usar la palabra *misterio*, el libro de Hechos trata sobre esa revelación. Recuerde, por ejemplo, la visión de Pedro y la conversión de Cornelio. Allí el Espíritu le reveló a Pedro y luego al resto de la iglesia que «también a los gentiles ha dado Dios arrepentimiento para vida» (Hch. 11:18).

La referencia de Pablo a algo que ha «escrito brevemente» (versículo 3) puede interpretarse de varios modos. Quizá se refiera a la Epístola a los Colosenses, que Pablo había escrito para que circulara también entre otras iglesias (Col. 4:16). O quizá se refiera a algún otro escrito de Pablo que se ha perdido.

JUZGUE: El «misterio» que Pablo proclama es que el propósito eterno de Dios es un propósito de inclusividad. En la situación a la que Pablo se dirige, esto tiene que ver principalmente con la antigua división entre judíos y gentiles—entre quienes eran descendientes de Abraham y de Sara y quienes no lo eran. En ese contexto, Pablo dice que el propósito eterno de Dios era echar abajo «la pared intermedia de separación» (2:14), de modo que tanto las personas de origen judío como las de origen gentil tuvieran acceso a Dios por medio de Jesucristo.

Lo que hoy nos divide no es ya tanto la distinción entre judíos y gentiles, sino otras distinciones y paredes de separación. ¿Qué paredes de separación existen en su propia vida, y en las comunidades de que usted forma parte? En su comunidad, ¿hay paredes de separación o de exclusión por razón de raza, idioma, nivel de educación, clase social, sexo, entre otras? ¿Qué de su iglesia o comunidad de fe? En algunas de nuestras iglesias hispanas hay divisiones y tensiones entre personas de distinto origen, tales como mexicanos, dominicanos, cubanos y puertorriqueños.

◗ ¿Sucede esto en su iglesia?

◗ ¿Participa usted de ello?

Dentro de ese contexto, ¿qué diria Pablo acerca del misterio de unidad e inclusividad que Dios nos ha revelado en Jesucristo?

ACTÚE: En su cuaderno de reflexiones, anote cualquier «pared intermedia de separación» que le aparte de otras personas en su iglesia o en su comunidad. Piense sobre cada una de esas paredes. ¿Hasta qué punto es usted quien la construyó y sostiene, y hasta qué punto son las otras personas? (Por ejemplo, si usted siente que alguien le excluye por su origen latino, o si es usted quien excluye a alguien porque sabe menos que usted, o porque no viste tan bien como usted.)

Junto a cada una de esas «paredes», anote a quién se debe (por ejemplo, ponga *yo*, *ellos* o *ambos*). Donde puso *yo* o *ambos*, ore pidiendo perdón y resuelva darles a las personas excluidas señales de amor y de bienvenida. Donde puso *ellos*, resuelva que va a hacer un esfuerzo por cruzar esa barrera, por mostrarles a esas otras personas que no tienen por qué excluirles. Y ore pidiendo fuerzas y sabiduría para hacerlo.

Tercer día *Lea* Efesios 3:8-9

VEA: Pablo se refiere ahora a su ministerio particular entre las personas de origen gentil. Señala bien claramente que, si este ministerio le ha sido dado, ello no se debe a ningun mérito particular por parte suya. Al contrario, él es «el más pequeño de todos los santos».

Por ello, su tarea de «anunciar entre los gentiles el evangelio» es una *gracia*; es decir, un favor que Dios le ha hecho. Recuerde que es a consecuencia de tal favor que Pablo se encuentra preso. Pero a pesar de ello, Pablo considera la tarea que le ha llevado a la prisión un privilegio, favor o gracia de Dios.

En el versículo 9 aparece una vez más la palabra «misterio», de que ya hemos hablado. Note que aquí, como antes en Efesios, ese misterio había estado «escondido desde los siglos en Dios», y ahora se ha revelado. Y note también que ese misterio se relaciona con el alcance absoluto del poder y la misericordia de Dios, quien «creó todas las cosas».

JUZGUE: Fíjese en el uso de las palabras *todos* y *todas* en estos dos versículos. (Recuerde que, como hemos visto repetidamente, estas palabras son centrales tanto en Efesios como en Colosenses.) Aquí Pablo, quien dice ser «el menor de todos», anuncia el evangelio del Dios que «creó todas las cosas» (y como dijo en los versículos anteriores, que incluyó en sus planes a todas las personas, tanto judías como gentiles).

¿Habrá alguna relación entre esos dos usos de *todos* y *todas*, entre el hecho de que Pablo se considere el menor de todos los santos y sin embargo anuncie el mensaje del Dios que creó todas las cosas? ¿No será precisamente cuando nos creemos demasiado importantes que nos atrevemos a dictaminar que algunas cosas o algunas personas caen fuera del plan y del poder redentor de Dios?

Si yo soy el menos digno de todos, no me atreveré a decir que otras personas son menos dignas que yo. Y si, por el contrario, pienso que es por mi bondad o por mi santidad que Dios me ama y me ha perdonado, pronto encontraré a otra persona menos santa y por tanto menos digna de amor y de perdón.

Cuando en la iglesia excluimos a algunas personas, ¿no será que estamos olvidando la gracia de Dios—gracia tan sorprendente que nos incluyó a nosotros por muy pecadores que seamos?

ACTÚE: *Ore:*
Dios todopoderoso y todo misericordioso, dame la humildad para reconocer que ante ti no soy nada. Que si me amaste y me perdonaste fue por pura gracia. Que no tengo derecho a creerme me-

jor que ninguna otra persona. Que el misterio de tu inmenso amor, que me incluye a mí, puede por tanto incluir a cualquier otra persona. Ayúdame a ver a esas otras personas como hijas e hijos tuyos, y a manifestarles aunque sea un reflejo de tu amor. Por Jesucristo, tu amor hecho carne. Amén.

Cuarto día   *Lea* Efesios 3:10

VEA: Este versículo nos muestra un aspecto de la predicación del evangelio y sus consecuencias que casi nunca recordamos. La predicación del evangelio, según Pablo, tiene un alcance mucho mayor que las personas a quienes predicamos. Aparentemente, «los principados y potestades» no conocían «la multiforme sabiduría de Dios» aparte de la predicación del evangelio.

Para entender esto, al menos en cierta medida, es preciso recordar que los «principados» y las «potestades» eran nombres que se les daban a algunos de los seres invisibles. Más adelante en esta serie de estudios veremos que Pablo dice que como creyentes en Jesucristo luchamos contra ellos. Aquí se nos dice que al anunciar el evangelio, Pablo también les está dando a conocer a esos poderes «la multiforme sabiduría de Dios».

Es difícil saber todo lo que esto quiere decir. Pero al menos indica que la creación de Dios es mucho más amplia de lo que vemos. En la Biblia se habla repetidamente de seres espirituales que no conocemos, tales como ángeles, arcángeles y demonios. Lo que Pablo dice es que la predicación también es para esos poderes. De algún modo que no alcanzamos a comprender, cuando Pablo les predica a los gentiles aquí en la tierra, el mensaje de la multiforme sabiduría de Dios también alcanza a los «principados y potestades».

JUZGUE: ¿Le ha sorprendido este versículo? A mí no sólo me sorprende, sino que hasta me confunde. Como personas nacidas, criadas y educadas en el mundo moderno, nos hemos acostumbrado a pensar que no hay en la creación más que las realidades que vemos. Pero lo cierto es que ni la más estricta ciencia puede probar esa visión de la realidad. Esa visión, como muchas otras, no es sino un prejuicio que damos por sentado porque es así que nos enseñaron a pensar. La creación de Dios incluye mucho más de lo que vemos. Incluye hasta más de lo que podamos imaginar.

Pero no usemos este versículo como un modo de pretender que ahora sí sabemos cómo es toda la realidad. Hay quien toma versículos como éste para entonces construir esquemas que explican cuántas clases de seres celestiales hay, y cómo se relacionan los unos con los otros. Aquí se mencionan solamente los «principados» y las «potestades». Más adelante en Efesios veremos otra lista más extensa. Lo que todo esto quiere decir es que, en lugar de ponernos a tratar de averiguar cuántas clases de seres hay, y a clasificarlos como si se tratara de peces en una laguna, o de plantas en un jardín, lo que hemos de hacer es maravillarnos ante la grandeza y complejidad inescrutable de la creación de Dios.

¿Le confunde a usted este versículo, como me confunde a mí? En tal caso, ¿será siempre malo estar confuso? ¿O habrá ocasiones en las que lo que debemos hacer es sencillamente aceptar el recordatorio de que la «multiforme sabiduría de Dios» es infinitamente más grande que la nuestra?

Si pudiéramos explicar y clasificar toda la creación, desde las ínfimas partículas atómicas hasta los seres celestiales, ¿no estaríamos diciendo que nuestra sabiduría alcanza a penetrar los más elevados niveles de la «multiforme sabiduría de Dios»? ¿No habrá en este versículo un recordatorio de la distancia entre esa sabiduría y la nuestra?

ACTÚE: *Ore:*

Gracias, Dios inmensamente sabio, porque tu creación es tanto más rica que todo lo que pudiéramos imaginar. Gracias, porque un Dios tan grande como tú, que hizo los átomos y los electrones, los astros y los planetas, los principados y las potestades, nos ha amado aun siendo tan pequeños y limitados como somos. Enséñame a adorar y amar tu misterio, tu multiforme sabiduría, tu ciencia que es tan alta que no alcanzo a comprenderla. Amén.

Quinto día   *Lea* Efesios 3:11-12

VEA: Pablo vuelve sobre lo que ha dicho varias veces: todo esto es parte del «propósito eterno» de Dios. Recuerde que el «misterio» ha estado escondido desde el principio de las edades. Lo que Dios está haciendo en Pablo no es cuestión de última hora. Es parte del propósito eterno de Dios.

Esto se relaciona estrechamente con lo que dice el versículo 12 sobre la seguridad y la confianza. Cuando pensamos en la inmensidad de Dios, y sobre todo cuando, como en los versículos que estudiamos ayer, nos maravillamos ante la distancia que separa nuestra escasa sabiduría de la multiforme sabiduría de Dios, es muy fácil atemorizarse y dudar. Si Dios es tan grande comparado con la pequeñez humana, ¿quién es Pablo para tener seguridad y confianza? Si la acción de Dios es tan misteriosa, ¿cómo puede Pablo confiar en ella? La respuesta, aunque sencilla, es profunda:

Pablo puede confiar en Dios y en su acción porque todo esto es parte del «propósito eterno». Si Dios es grande, igualmente grande es su propósito. Por medio de la fe, dice Pablo, es posible tener seguridad y confianza al acercarse a Dios, por muy grande que sea el Señor eterno que ha hecho todas las cosas, y cuya sabiduría es multiforme.

JUZGUE: Ayer terminamos nuestro estudio sobrecogidos por la inmensa sabiduría de Dios, por una creación tan maravillosa que no podemos explicarla ni clasificarla toda. Terminamos diciendo, como el salmista en 139:6:

> Tal conocimiento es demasiado maravilloso para mí;
> Alto es, no lo puedo comprender.

Es bueno que pensemos así, pues a veces nos hacemos un Dios demasiado pequeñito, que sólo puede hacer lo que nuestra mente alcanza a comprender.

Pero cuando pensamos en Dios en esos términos grandes y amplios, hay el peligro de que nos sobrecoja el temor y la desesperación. Si Dios es tan grande, ¿quién soy yo ante tal inmensidad? Si Dios ha creado no sólo esta tierra con toda su belleza y complejidad, y no sólo los más distantes astros, constelaciones y galaxias, sino hasta seres misteriosos como ésos que Pablo llama «principados y potestades», ¿quién soy yo para presumir que Dios se ocupe de mí?

Es ahí que está la importancia de lo que Pablo dice, que su vida y su ministerio son parte del propósito eterno de Dios. Dios es grande, sí; pero en su grandeza me incluye a mí y te incluye a ti en sus propósitos eternos. Es por eso que, con todo y ser Dios tan inmenso, podemos acercarnos a Él con seguridad y confianza.

◗ ¿Ha experimentado usted esto?

ACTÚE: *Ore:*

Dios mío, ayer te alabé por tu grandeza, por tus misterios inescrutables. Hoy te alabo porque en medio de tu grandeza has tenido a bien incluirme en tus propósitos eternos. Hazme fiel a esos propósitos. Dame confianza y seguridad al acercarme a ti, para que pueda acercarme a todos los retos de la vida con igual confianza y seguridad. Por Jesucristo, mi Señor y Salvador. Amén.

Sexto día   *Lea* Efesios 3:13

VEA: La frase «por lo cual» quiere decir que lo que se va a decir ahora se basa en lo anterior. En otras palabras, que en base a lo que acaba de decir, Pablo les va a decir otra cosa a sus lectores. Y lo que les va a decir es «no desmayéis a causa de mis tribulaciones por vosotros». Al parecer, lo que le preocupa a Pablo aquí es la posibilidad de que estos creyentes, al oír que el apóstol está preso, se desanimen. Recuerde todo lo que venimos estudiando desde el principio de este trimestre, sobre cómo desde la prisión Pablo les escribe a los filipenses una carta que rebosa de gozo. Es difícil sentir entusiasmo cuando las cosas van mal. Pero lo que Pablo les enseña a sus lectores es todo lo contrario: cuando oigan que él está preso, no deben desanimarse.

¿Cómo no han de desanimarse? ¿De dónde sacarán fuerzas? Precisamente de lo que Pablo acaba de decirles: que el ministerio de Pablo (y en consecuencia también la fe de estos lectores) es parte del propósito eterno de Dios. Si Pablo está preso, no hay que desanimarse, pues quien le guía es el Dios Creador de todo cuanto existe, el Dios de la multiforme sabiduría, el Dios cuyo propósito eterno resulta ser un propósito de amor para toda su creación.

Y Pablo les dice más: sus propias tribulaciones son la «gloria» de sus creyentes. ¿Por qué? Pues por lo mismo: porque son señal de que Dios se ocupa tanto de ellos que hasta les da un líder como Pablo, quien en medio de sus prisiones se acuerda de ellos y les recomienda que no desmayen.

JUZGUE: ¿Ha conocido usted alguna iglesia donde parecía que todos habían desmayado, o que habían perdido el entusiasmo? En tales iglesias se canta como si la adoración que le rendimos a Dios no subiera más allá del techo. Se ora como si no esperásemos respuestas. Se predica como si fuera cuestión de llenar veinte o veinticinco minutos de sonido. Se habla de tiempos mejores, cuando el barrio era distinto, o cuando la iglesia tenía más vida, o cuando había menos dificultades.

A veces se dice que tales iglesias están muertas. ¿Será ése el problema? ¿O será que se han olvidado de que su ministerio y su vida son parte del propósito eterno de Dios, que están en manos de Dios, y que tanto sus éxitos como sus fracasos están en manos de Dios?

Si de veras creyéramos lo que Pablo nos viene diciendo en los versículos que hemos estado estudiando esta semana, ¿cree usted que podríamos desanimarnos a tal punto de perder el gozo y la esperanza? ¿No será que cuando una iglesia parece muerta lo que en realidad está muriendo es su fe y su visión del enorme, sorprendente y seguro amor de Dios?

ACTÚE: Si hay en su iglesia o en su comunidad de fe señales de esa «muerte» de que hablamos más arriba, haga una lista de las cosas que han hecho que los miembros desmayen, o que se desanimen. Ore pidiéndole a Dios que le ayude a ver todas esas cosas como quien tiene fe en los propósitos eternos de Dios. Hable con otras personas. Discutan cómo lo que ha sucedido, o lo que temen, puede ser usado para bien de la obra.

Si es usted personalmente quien a veces desmaya ante las dificultades, dé dos pasos que le ayudarán en ese sentido: Ore repetidamente colocando sus dificultades y dudas en manos de Dios, y pidiéndole que le dé fuerzas y fe para seguir adelante. Busque un grupo de personas de confianza, con quienes compartir sus dudas y vacilaciones. Ofrézcase usted para hacer lo mismo por el resto del grupo.

Séptimo día   *Lea* Efesios 3:14-21

VEA: Note que lo que Pablo dice aquí es lo que al final del estudio anterior le hemos sugerido que haga. Pablo ora por sus lectores para que no desmayen. Ora al «Padre de nuestro Señor Jesucristo, de quien toma nombre toda familia en los cielos y en la tierra». La palabra «toda» es de suma importancia aquí, como en todo el resto de esta epístola y en Colosenses. El hecho de que el nombre de «toda familia» viene de Dios quiere decir que no son solamente las personas de origen judío, sino también las de origen gentil, quienes son parte de la creación y del propósito eterno de Dios.

En otras palabras, que al decir «toda familia» Pablo está reiterando lo que dijo antes sobre el «misterio» de la voluntad de Dios, de reunir todas las cosas en Cristo.

A este gran Dios, Señor de «toda familia», Pablo le pide que fortalezca a sus lectores. Se lo pide precisamente para que no desmayen, para que no se dejen llevar por las noticias al parecer desalentadoras del encarcelamiento de Pablo, o por cualquier otra dificultad. Esto es lo que significa «ser fortalecidos con poder en el hombre interior por su Espíritu». De ese modo, habitando «Cristo por la fe» en sus corazones, estos creyentes estarán «arraigados y cimentados en amor».

Note que en todo esto lo que Pablo está tratando de hacer es darles a sus lectores las herramientas necesarias para que no desmayen, para que no se dejen amedrentar por las dificultades.

Es dentro de ese contexto que aparecen las conocidísimas líneas sobre el alcance del amor de Cristo: «para que . . . seáis plenamente capaces de comprender con todos los santos cuál sea la anchura, la longitud, la profundidad y la altura, y de conocer el amor de Cristo, que excede a todo conocimiento, para que seáis llenos de toda la plenitud de Dios».

Estas palabras son tan conocidas, y suenan tan inspiradoras, que muchas veces las repetimos sin darnos cuenta cabal de todo lo que estamos diciendo. Sin embargo, al estudiarlas con cuidado hay dos elementos que se destacan.

El primero de estos elementos es que Pablo usa cuatro dimensiones o medidas, y no tres. Si alguien nos pregunta qué tamaño tiene una caja o una nevera, decimos que mide tanto de alto, tanto de ancho y tanto de hondo. Pero si nos imaginamos que estamos *dentro* de una gran caja, o en medio de un edificio de varios pisos y sótano, hablamos de que la caja o el edificio mide tanto de ancho, tanto de largo, tanto para arriba (altura) y tanto para abajo (profundidad). Sobre el edificio, por ejemplo, si estamos en el primer piso, diríamos que mide cien metros por cincuenta, con cuatro pisos de alto y dos de sótano.

En otras palabras, que cuando estamos *dentro* de lo que medimos damos cuatro dimensiones en lugar de tres. De igual manera, Pablo no está mirando el amor de Cristo desde fuera, como quien mide una caja o una nevera y dice que tiene tantas pulgadas de alto, tantas de ancho y tantas de hondo. Pablo está hablando como quien está sumergido en el amor de Cristo, rodeado por ese amor—rodeado como quien está en medio de un edificio está rodeado por él. Y habla de lo largo, lo ancho, lo alto y lo profundo de ese amor.

(Note que ya antes Pablo dijo que sus lectores han de estar «arraigados y cimentados en amor»; es decir, que han de estar en ese amor cuyas dimensiones ahora menciona.)

El segundo elemento que hay que notar en este pasaje es la frecuencia con que aparecen varias palabras que indican totalidad. Véamoslas: «comprender [plenamente]», «con todos los santos», «todo conocimiento», «llenos de toda la plenitud de Dios». No se trata aquí de un poquito de amor, ni de un conocimiento parcial, ni de un Dios pequeñito. Se trata de «todo» y de «plenitud».

Al juntar estos dos elementos, vemos que lo que Pablo está diciendo es que el amor de Cristo es tan grande, y estamos tan sumergidos en él, que nos es imposible salir de él. Volviendo a la imagen del edificio, es como si estuviéramos dentro de un edificio cuyo sótano es tan hondo, que tiene tantos pisos, y cuya planta es tan extensa, que por mucho que subamos o bajemos o andemos para un lado u otro, no podremos salir de él.

Es el pleno conocimiento de ese amor sin par lo que les permitirá a los lectores de Pablo no desmayar.

Por último, ahora que la epístola va llegando al final de su parte doctrinal, Pablo vuelve a una doxología semejante a la que vimos en el primer capítulo: «Y a Aquel que es poderoso para hacer todas las cosas. . .». Al leer esta doxología, vemos una vez más que Pablo está fundamentando sus palabras de aliento en el poder de Dios. Dios puede «hacer *todas* las cosas mucho más abundantemente de lo que pedimos e entendemos».

JUZGUE: ¿Qué cree usted que sucedería si en la iglesia de veras creyésemos lo que Pablo dice aquí? ¿Cree usted que tendríamos los mismos problemas que ahora tenemos? ¿Cree usted que faltaría el ánimo cuando las cosas no salen como queremos? ¿Qué sucedería con las divisiones y rencillas que a veces aparecen entre creyentes?

Plantee las mismas preguntas en sentido inverso: Si falta el ánimo, ¿no será que no hemos comprendido la inmensidad de este amor que nos envuelve? Si nos peleamos por cuestiones sin importancia, ¿no será que nos imaginamos que el amor de Dios depende de las decisiones que tome la iglesia? Si nos juzgamos mutuamente con aspereza, ¿no será que pensamos que el que Dios nos ame o no depende de lo que hagamos o dejemos de hacer?

Si el amor de Cristo es tan grande, ¿no será que todas esas personas a quienes consideramos lejos de Dios, pecadoras al parecer sin posibilidad de redención, todavía están dentro del ámbito de ese amor, aunque ellas mismas no lo sepan?

Si el amor de Cristo es tan ancho, tan largo, tan alto, tan profundo, ¿no será que podemos ir libremente a los peores lugares del mundo, sabiendo que aun allí nos rodeará su amor?

ACTÚE: Hace unos días pensó usted en algunas personas que al parecer se encontraban alejadas de Dios, y se hizo usted el propósito de acercarse a éstas. ¿Lo hizo? En base a lo que acabamos de estudiar, cuando usted se allega a tales personas, ya el amor de Cristo está allí antes que usted. Vuelva a acercarse a esas mismas personas. Hágalo pensando que el amor de Cristo les envuelve tanto a usted como a ellas.

(Si le ayuda, piense en el edificio que hemos mencionado. Tanto usted como esa persona están en el edificio, aunque él o ella no lo sepa. Al acercársele, usted no sale del edificio. Sencillamente se percata de que el edificio es mucho más amplio de lo que usted pensaba.)

Repase lo que escribió antes sobre aquellas personas de las cuales le separaban barreras o «paredes intermedias de separación». A la luz de lo estudiado, resuelva acercarse a ellas una vez más (y otra vez, y otra) hasta que el amor de Cristo se imponga.

PARA EL ESTUDIO EN GRUPO: Puede empezar la sesión repasando lo que hemos estudiado durante la semana. Sobre todo, trate de que el grupo relacione lo que se ha dicho del «misterio» del «propósito eterno» de Dios, de incluir en su salvación a todas las personas, tanto judías como gentiles, con la seguridad que los creyentes han de tener. Relacione esto con lo que Pablo dice acerca de su propio encarcelamiento y de lo que sus lectores han de sentir: no desmayar. Pase entonces al tema del estudio de hoy, y cómo nos ayuda a no desmayar.

Para explicar lo de las cuatro dimensiones del amor de Cristo que Pablo menciona, puede dibujar en la pizarra una caja y un gran edificio de varios pisos y sótano, con una persona en medio. Muestre cómo al hablar de la caja hablamos de largo, ancho y alto, mientras que al hablar del edificio hablamos de la planta (el largo y el ancho), pero también de la altura y la profundidad.

Justo L. González: *El teatro de Éfeso, una de las maravillas del mundo antiguo*

Undécima semana

Primer día   *Lea* Efesios 4:1-3

VEA: En los dos últimos capítulos de Efesios, Pablo pasa a lo que parecen ser cuestiones más prácticas. Esto era lo que se acostumbraba en muchas cartas de la época: se empezaba con el nombre del autor y de los destinatarios, se les daba un saludo, se invocaba a los dioses, y luego se pasaba a tratar sobre asuntos generales. Hacia el fin de la carta, se llegaba a las cuestiones más concretas. Y todo terminaba con una serie de saludos.

Lo que el apóstol Pablo hace es parecido, excepto (claro está) que en lugar de invocar a los dioses, invoca al Dios y Padre de nuestro Señor Jesucristo. Luego, al llegar al capítulo 4 entramos en los consejos más prácticos, aunque relacionados y basados en lo que se ha dicho en los primeros tres capítulos.

Como era de esperarse dado el tono de toda la carta, el primer consejo es de unidad. Pablo exhorta a sus lectores a que se soporten mutuamente con paciencia, para «guardar la unidad del Espíritu en el vínculo de la paz». Como para darle autoridad a su consejo, Pablo les recuerda que está «preso en el Señor»; es decir, que si a ellos les parece que tienen mucho que soportar, deben recordar que quien les aconseja paciencia es uno cuya propia paciencia le ha llevado a la cárcel, y desde allí todavía llama a la paciencia y hasta al gozo (recuerde lo que vimos al estudiar Filipenses).

JUZGUE: ¿Por qué cree usted que, en un pasaje en que está llamando a sus lectores a la unidad, Pablo les exhorta también a la paciencia? ¿No será que hay cierta relación entre la paciencia y la unidad?

Piense en las veces en que en su iglesia o comunidad de fe haya habido alguna división. Si las dos partes hubieran tenido más paciencia, ¿no se habría evitado la división? ¿No hubiera sido posible llegar a un acuerdo?

Lo mismo sucede entre vecinos. Si no hay paciencia, los vecinos acaban peleados porque el perro de uno ladra a medianoche, o porque la otra deja el automóvil estacionado donde no debe, o porque los hijos de otro rompen una ventana, o por alguna otra supuesta razón—cuando la verdadera razón es que no hay paciencia.

▶ ¿Y usted? Si se ha peleado con alguna persona, ¿pudo haberlo evitado con un poco más de paciencia?

ACTÚE: *Ore:*

Señor, tú has tenido mucha paciencia conmigo. ¡Tantas y tantas veces me he descarriado! Pero tú por tu amor y tu paciencia me has perdonado. Ayúdame a mostrar con mis hermanas y hermanos en la fe una paciencia como la tuya, de modo que podamos guardar la unidad, y darle al mundo un testimonio digno del amor con que tú nos has amado. En Cristo Jesús. Amén.

Segundo día   *Lea* Efesios 4:4-7

VEA: Note que el pasaje que estudiamos se puede subdividir en los siguientes tres pasos o momentos, y que en cada uno de éstos se destaca una palabra que indica número o cantidad:

▶ En los versículos 4 y 5, y al principio del 6, la palabra es «un»: «*un* cuerpo, y *un* Espíritu . . . *una* misma esperanza . . . *un* Señor, *una* fe, *un* bautismo, *un* Dios y Padre».

▶ En el resto del versículo 6, lo que se destaca es «todos»: «Dios y Padre de *todos*, el cual es sobre *todos*, y por *todos*, y en *todos*».

▶ Por último, en el versículo 7 el énfasis es más en la persona: «a *cada uno* de nosotros le fue dada».

Hay una relación estrecha entre todo esto. Es precisamente porque hay un solo Señor, una esperanza, un bautismo, una fe y un Dios, que ese Dios es Padre de todos y es sobre todos. Si hubiera dos señores o dos dioses, entonces ninguno de los dos sería Dios y Padre de todos. Es porque hay un solo Dios que se puede hablar de ese Dios en términos de *todo* y *todos*, como lo hace este pasaje y como vimos hace unas semanas en Colosenses.

Es dentro de esa totalidad del poder y alcance de Dios que se ubica *cada uno de nosotros*. Somos diferentes, sí; pero no porque pertenezcamos a distintos señores o dioses, o porque tengamos distintos bautismos o una fe diferente, sino porque Dios ha repartido diferentes dones. Sobre esto tratará el resto del pasaje—sobre todo lo que estudiaremos pasado mañana.

Por lo pronto, es importante recordar que la unidad entre los creyentes y la unicidad de nuestra fe se basan en el hecho de que Dios es uno solo, y que es Padre de todos y está sobre todos.

JUZGUE: Cuando en su iglesia se habla de otros creyentes, ¿se subraya la unidad que nos une a quienes creemos en Cristo? ¿O se subrayan más bien las diferencias, como si las demás personas no fueran verdaderamente creyentes? Aunque haya diferencias doctrinales, ¿cree usted que en lo esencial la fe, la esperanza y el bautismo de los creyentes de diversas denominaciones son uno? ¿O cree más bien que sólo quienes creen exactamente lo mismo que usted, quienes bautizan exactamente como se hace en su iglesia, son verdaderos cristianos?

¿Qué diría usted acerca de las palabras de Pablo en los versículos 4-6 sobre la unidad de la fe, de la esperanza y del bautismo? ¿Cree usted que Pablo estaría de acuerdo con el modo en que hoy las iglesias se dividen por cualquier pequeñez—o hasta por cuestiones de la personalidad del pastor o pastora?

ACTÚE: Hágase el propósito, durante esta semana, de acercarse a otra persona que pertenezca a otra iglesia. No lo haga con el fin de traerle a su iglesia, sino para entender su fe, y para juntos poder experimentar esa unidad de la fe de que habla Pablo. Anote sus planes en su cuaderno de reflexiones.

Tercer día   *Lea* Efesios 4:8-10

VEA: Es difícil ver por qué Pablo inserta estos dos versículos en medio de un pasaje sobre la unidad de la iglesia y la diversidad de dones. La razón parece ser la necesidad de que sus lectores entiendan que los dones vienen de Cristo, el único Señor de la iglesia.

En todo caso, el pasaje es importante porque nos plantea un modo de ver la obra de Cristo que no es el más común, pero que es muy importante. La cita es del Salmo 68:18, de un pasaje en el que Israel canta a las victorias de su Dios. Aquí, Pablo le aplica la cita a la victoria de Jesús sobre los poderes del mal. Jesús descendió a la tierra y murió, pero en su resurrección y ascensión «llevó cautiva la cautividad»; es decir, se mostró vencedor del pecado y del maligno que nos tenían cautivos.

Entre los escritores cristianos de la iglesia primitiva, se decía frecuentemente algo parecido: que en su muerte y resurrección Cristo «mató a la muerte». En otras palabras, que lo que Jesucristo ha hecho por nosotros es ganar una gran victoria sobre los poderes que nos tenían prisioneros, capacitándonos así para ser hijos e hijas libres de Dios. Es este Señor, vencedor del mal, que «llevó cautiva la cautividad», quien dio los dones de que trataremos mañana.

JUZGUE: En algunas iglesias se habla mucho de Jesús como víctima sacrificial, subrayando su muerte que sufrió en nuestro lugar. Es necesario que no olvidemos eso. Pero aquí se nos presenta otra imagen de Jesús que es igualmente importante: Jesús como vencedor de la muerte, como quien «llevó cautiva la cautividad». ¿Qué importancia ve usted en estos dos modos de ver a Jesús?

Por ejemplo, ¿será verdad que si siempre pensamos en Jesús como víctima, y nunca como vencedor, nuestra fe será menos gozosa, menos victoriosa?

Si pensáramos más en Jesús como vencedor de la muerte, del pecado y del diablo, ¿cómo afectaría eso nuestro modo de actuar y de pensar como creyentes?

ACTÚE: *Ore:*
Gracias, Dios mío y Dios de la iglesia, porque enviaste a tu Hijo a morir y sufrir por nosotros. Gracias porque, por su muerte, nosotros vivimos. Gracias porque, tras su muerte en la cruz, le diste también la victoria sobre la muerte. Y gracias porque, en su victoria, nos diste también victoria. Haznos más que vencedores por la fe en Quien venció al sepulcro, y llevó cautiva la cautividad. Amén.

Cuarto día *Lea* Efesios 4:11-12

VEA: Hace dos días veíamos que el Dios único (recuerde cómo se repetía la palabra *un*, que es Creador de *todos* (palabra que también se repetía), ha dado gracia a «cada uno». En el pasaje de hoy vemos que esa gracia se manifiesta en una diversidad de dones, de modo que unas personas son «profetas» (término que entonces se les aplicaba a quienes predicaban y exponían la voluntad de Dios a la iglesia), otras «evangelistas», otras «pastores» y otras «maestros».

Lo primero que hay que señalar es que no se trata aquí de una lista de todos los dones que los creyentes pueden recibir. Recuerde que más arriba Pablo dijo que la gracia le ha sido concedida a cada uno «conforme a la medida del don de Cristo». Esto quiere decir que todos los cristianos reciben dones. Y ciertamente la lista que aparece en el versículo 11 no incluye a todas esas personas. Además, en otras cartas, Pablo ofrece otras listas parecidas, pero no idénticas. Luego, esta lista incluye solamente algunos ejemplos del modo en que los dones funcionan, y no una lista de todos ellos.

Lo segundo, y probablemente lo más importante, es que esos dones no son dados para el beneficio de quienes los reciben, sino «para la obra del ministerio, para la edificación del cuerpo de Cristo». Los dones que cada persona recibe no son para ella misma, sino para la edificación de todo el cuerpo.

JUZGUE: ¿Ha conocido usted casos en los que han surgido divisiones en la iglesia o en la comunidad de fe porque cada cual quiere usar sus dones a su manera?

Imagínese que en una iglesia hay, por ejemplo, un joven que canta muy bien, una señora que toca el piano, y un caballero que toca la flauta. Pero en lugar de todos usar sus dones para producir la misma música, el joven canta a su propio ritmo, mientras cada uno de los dos adultos toca en una clave distinta. En tal caso, en lugar de armonía, lo que se producirá será un ruido desagradable. Lo mismo sucede cuando cada persona quiere usar sus dones a su manera, olvidando que le han sido dados, no para su propio provecho, sino para la edificación de todo el cuerpo de Cristo.

ACTÚE: En respuesta al estudio de este pasaje, haga las siguientes dos cosas:

▶ Primero, piense en los dones que usted ha recibido, y cómo usarlos «para la edificación del cuerpo de Cristo». No piense solamente en los dones que suenan más religiosos, sino en todos sus dones. Por ejemplo, si tiene usted el don de hacer dinero, ¿cómo lo usará para la edificación del cuerpo de Cristo? O si tiene el don de enseñar, ¿cómo lo usará para el mismo propósito? Anote sus reflexiones y decisiones.

▶ Segundo, piense en otras personas cuyos dones usted conoce. ¿Qué puede hacer usted para ayudarlas a reconocer esos dones, y a utilizarlos también «para la edificación del cuerpo de Cristo»? Hágase el propósito de hablarles. Una vez más, anote sus reflexiones.

Quinto día   *Lea* Efesios 4:13-16

VEA: La meta de lo que antecede, de lo que hemos venido estudiando, es que «todos lleguemos a la unidad de la fe». En este pasaje, hay que entender bien el «todos». Cuando hoy decimos «todos», se pueden entender dos cosas: cada uno por su parte, o todos juntos.

Por ejemplo, si decimos que «todos» los jugadores de un equipo miden al menos seis pies, nos estamos refiriendo a ellos por separado. Pero si decimos que «todos» ellos forman un equipo invencible, nos estamos refiriendo a esos jugadores en su conjunto, y no por separado. En griego, esto se expresa de dos maneras distintas.

En el pasaje de hoy, no quiere decir que cada uno por su cuenta llegue a la meta que se describe, sino más bien que todos juntos, como una sola realidad, como un solo cuerpo, lleguen a ser lo que allí se describe.

Es por eso que esa meta, que es de «todos», no se describe en plural, sino en singular: «la unidad», «un varón perfecto».

La meta de todo esto es que *todos juntos* seamos un solo cuerpo, perfecto y unido, de tal modo que no seamos llevados de todo viento de doctrina, sino que seamos un «cuerpo, bien concertado y unido entre sí por todas las coyunturas que se ayudan mutuamente».

JUZGUE: En las iglesias, a través de los años y hasta nuestros días, se ha hablado mucho de la perfección cristiana. Casi siempre que se habla de tal perfección, lo que se entiende por ella es la perfección individual de creyentes. En este pasaje, sin embargo, el «varón perfecto» es una imagen que se le aplica al cuerpo entero de los creyentes, a la iglesia como cuerpo de Cristo.

◗ ¿Cree usted que es posible alcanzar la perfección cristiana individualmente, sin que sea todo el cuerpo de los fieles el que marche hacia esa perfección?

◗ ¿No será que cuando cada cual busca la perfección por su propia cuenta, lo que hacemos es poner en peligro la unidad sin la cual no es posible la perfección de que habla este pasaje?

ACTÚE: Ore por la perfección, no suya, sino de toda su iglesia o comunidad de fe. Ore pidiendo que su unidad sea tal que todos juntos puedan llegar «a la unidad de la fe y del conocimiento del Hijo de Dios». Ore pidiendo que los diversos dones que hay en esa comunidad se entrelacen de tal modo que sean como miembros de un solo cuerpo unidos por coyunturas sólidas y saludables.

Sexto día   *Lea* Efesios 4:17-24

VEA: Al igual que en Colosenses, Pablo se esfuerza por mostrar que los aspectos doctrinales que ha discutido en la primera parte de la carta tienen consecuencias prácticas para la vida.

En este caso empieza advirtiéndoles a sus lectores que no han de andar como los «otros» gentiles. Como hemos visto, en la primera parte de esta carta se aborda la cuestión de la relación entre las personas de origen judío y las de origen gentil (entre el *nosotros* de Pablo; es decir, nosotros los judíos, y el *vosotros*; es decir, vosotros los gentiles). La carta afirma que en Cristo tanto quienes pertenecen a un grupo como quienes pertenecen al otro son uno, pues Cristo ha derribado la «pared intermedia de separación».

Quienes son descendientes de Abraham y de Sara según la carne no tienen ventaja sobre quienes se han allegado últimamente al pueblo de Dios por medio de la cruz de Cristo. Pero esto no quiere decir que se pueda seguir viviendo como vive el común de los gentiles.

Se puede ser de origen gentil sin detrimento alguno a la fe; pero no se ha de seguir la conducta característica de los gentiles, tal como se describe en los versículos 18 y 19.

En contraste con tales personas, quienes han «aprendido así a Cristo» deben revestirse del «nuevo hombre». Es decir, han de cubrirse de «la justicia y santidad de la verdad». (Posiblemente esto sea una referencia al bautismo, pues en la antigüedad cuando alguien salía de las aguas bautismales se le daba una túnica blanca y nueva, en señal de novedad de vida.)

JUZGUE: En los primeros años del cristianismo, cuando había un contraste marcado entre las prácticas cristianas y las del común de la sociedad, no era difícil distinguir entre unos y otros. En primer lugar, los paganos tenían una multitud de dioses, mientras la iglesia insistía en que hay un solo Dios, Creador y Sostenedor de todo cuanto existe. Además, en la vida moral los contrastes eran marcados. Por ejemplo, mientras la fe cristiana insistía en la santidad de la vida y la necesidad de protegerla, entre los paganos era costumbre, si un padre no quería criar a un hijo (o, en la mayoría de los casos, una hija) recién nacido, sencillamente dejarlo abandonado a la intemperie, para que muriera víctima de las bestias o de los elementos.

Hoy esos contrastes son menos claros. Buena parte de la moral que la iglesia enseñó al principio se ha vuelto la moral común de la sociedad que nos rodea. En muchos aspectos, la iglesia es menos estricta de lo que fue en el pasado.

◗ ¿Qué será entonces hoy el equivalente de vestirse del ser humano nuevo, y despojarse del viejo?

◗ ¿Qué habrá que dejar? ¿Cómo y en qué deben distinguirse los cristianos del resto de la población?

ACTÚE: Anote sus respuestas a las preguntas que acabamos de hacer. Lea sus respuestas con detenimiento, preguntándose ahora, *¿hago yo esto? ¿Soy como digo que las personas de fe deben ser?*
Ore pidiendo perdón por sus faltas, y rogándole a Dios que le ayude a revestirse cada vez más de la nueva criatura en Cristo, para que el mundo pueda creer.

Séptimo día

VEA: La epístola pasa ahora a una serie de prácticas más concretas, tanto positivas como negativas. El pasaje es toda una lista de cosas que no se deben hacer, y otras que sí se debe. Aunque se trata de una lista de prácticas morales, es importante notar que al menos algunas de éstas se basan explícitamente en lo que se ha dicho anteriormente en la carta; es decir, que estas virtudes morales tienen su base teológica.

Esto se ve claramente en el versículo 25, que trata sobre la necesidad de desechar la mentira y hablar la verdad. Esto se basa en que «somos miembros los unos de los otros». Un cuerpo no puede subsistir si sus miembros no se comunican la verdad entre sí.

Imagínese un cuerpo en el que los ojos les mientan a los pies. Le será imposible caminar sin tropezar y caer. O imagínese un cuerpo en el que, cuando algo anda mal, el miembro adolorido no se lo comunique al resto del cuerpo. Tal cuerpo pronto morirá, pues le será imposible contrarrestar la enfermedad. Eso es lo que sucede en este cuerpo de Cristo si los miembros no se dicen la verdad entre sí. El cuerpo no funciona bien. No puede caminar como debe. No puede contrarrestar las enfermedades como debe. Cada mentira dentro del cuerpo de Cristo lo debilita, como cada mentira dentro de nuestro propio cuerpo lo debilita también.

El versículo 26 es bien realista. No se nos prohibe la ira. Lo que se nos prohíbe es dejarnos llevar por la ira al punto de pecar. Y se nos prohibe alimentar esa ira de tal modo que la llevemos dentro día tras día: «no se ponga el sol sobre vuesto enojo». Como dice el próximo versículo, ese modo de alimentar y guardar la ira da «lugar al diablo».

El versículo 28 recomienda el trabajo. Note, sin embargo, que el propósito de tal trabajo no es enriquecerse, sino tener qué compartir con quienes tienen necesidad.

Algo parecido se dice con respecto a las palabras corrompidas. Tales palabras han de callarse, pues no edifican el cuerpo ni le dan gracia a quienes las oyen.

Por último, los versículos 30-32 ofrecen toda una lista de actitudes que han de evitarse, y de otras que han de tomar su lugar, para que no contristemos al Espíritu Santo.

JUZGUE: Muchas veces pensamos que la principal razón por la cual debemos comportarnos de una manera especial es nuestra propia santidad y pureza. Y eso es importante. Pero fíjese que en todo este pasaje lo que ha de guiar a los creyentes es la consideración del bienestar del cuerpo entero, y el no contristar al Espíritu. En otras palabras, que la base más profunda de la moral cristiana no es la pureza personal, sino el amor hacia los demás y hacia Dios.

Lea de nuevo el pasaje, fijándose en ese detalle importante. La mentira es mala, no solamente porque quien la dice se mancilla, sino también y sobre todo porque quebranta el bienestar del cuerpo de Cristo. El trabajo es bueno, no solamente porque es digno y nos hace sentir que hemos hecho algo, sino también y sobre todo porque nos da recursos que compartir. Otros pecados han de evitarse porque contristan al Espíritu Santo. Y hemos de perdonarnos mutuamente porque Cristo nos perdonó; es decir, por amor y gratitud a él.

¿No cree usted que este modo de entender la vida moral es mejor que cuando pensamos de ella en términos puramente individualistas, como si lo único que importara fuera *mi* pureza?

ACTÚE: Divida una hoja en su cuaderno de reflexiones en dos columnas. Vaya leyendo el texto de nuevo, y anotando en la columna de la izquierda las cosas malas que el texto nos dice que debemos evitar, y en la de la derecha las cosas buenas que debemos hacer.

Cuando termine su lista, piense en cómo las cosas de una columna debilitan el cuerpo de Cristo. Piense concretamente en la comunidad de fe a la que usted pertenece. Piense en cosas que usted u otras personas han hecho que han debilitado esa unidad.

Al terminar de repasar la lista, decida cuál de esas cosas que deben evitarse es la que usted practica con más frecuencia, y cómo afecta al cuerpo de Cristo. Márquela con un círculo, como para que no se le olvide.

Termine su sesión de estudio pidiéndole a Dios que le ayude a revestirse del ser humano nuevo, especialmente en cuanto a eso que usted ha marcado.

PARA EL ESTUDIO EN GRUPO: Guíe al grupo en una discusión sobre cómo cada una de las cosas negativas que se mencionan en el texto afectan al cuerpo de Cristo.

Duodécima semana

Primer día *Lea* Efesios 5:1-2

VEA: Según vimos la semana pasada, la vida nueva que Cristo nos da tiene lugar en la nueva comunidad de fe, que es el cuerpo de Cristo. Pero esa vida nueva se manifiesta también en una nueva conducta. Quienes han muerto a la vida vieja ya no han de vivir según los viejos principios, sino según los principios y normas de la nueva.

Nótese que Pablo basa sus principios de conducta sobre lo que Dios ha hecho por nosotros. La conducta cristiana no es únicamente cuestión de ser decentes, o de cumplir con la moral de la sociedad. Es cuestión de ser imitadores de Dios (5:1), y de andar en un amor como el de Cristo, quien se entregó a sí mismo por nosotros (5:2). Es precisamente porque Dios nos ha dado vida cuando estábamos muertos, y porque Cristo nos amó y se entregó a sí mismo por nosotros, que hemos de andar en amor, «como conviene a santos».

Insistimos que el centro de la fe cristiana no es la conducta, sino la nueva vida que Cristo nos da en virtud de su muerte y resurrección. A pesar de ello, la nueva conducta es importante. Nuestro texto bíblico lo dice claramente: hemos de ser imitadores de Dios y de su amor. Esto quiere decir que todo lo que destruye, todo lo que conlleva injusticia, ha de quedar detrás, como parte de la vieja vida a la que hemos muerto.

JUZGUE: Aquí la epístola nos pone la mira muy alta. Hemos de ser nada menos que «imitadores de Dios». Quizá eso le asuste, pero recuerde que según Génesis hemos sido hechos a imagen de Dios. Luego, cuando tratamos de imitar a Dios, no estamos imponiéndonos una meta imposible, sino más bien tratando de hacer aquello para lo cual fuimos creados. Dios nos hizo a imagen suya, y por tanto los seres humanos, sus criaturas, tratamos de imitarle.

¿En qué nos dice el texto que hemos de ser imitadores de Dios? Note que en el texto no se habla de poder, sino de entrega. El Dios a quien imitamos es el que en Cristo «se entregó a sí mismo por nosotros». Imitar a Dios no es hacernos posar por omnipotentes u omniscientes. Es darnos como Cristo se dio.

Por otra parte, a veces en nuestra sociedad ese «darnos» se usa para explotar a los más débiles o los menos protegidos. Por ejemplo, a las niñas se les enseña desde pequeñas que su tarea en la vida es servir a los varones—a su padre, a sus hermanos, y luego a su esposo. Para contrarrestar eso, hay que recordar que darse en imitación de Dios es darse con dignidad y libertad. No es darse porque la sociedad nos obliga a ello, ni darse porque alguien nos lo exige o lo espera de nosotros. Es darse como quien sabe que es hija o hijo de Dios, que lleva en sí la dignidad de la imagen de Dios, y sabe entonces servir y darse con dignidad y sin permitir explotaciones.

◗ ¿Qué cree usted al respecto?

ACTÚE: Repase sus acciones durante la semana pasada. ¿Fueron acciones de egoísmo, de autodefensa? Piense cómo, en algunas situaciones concretas, pudo haber imitado al Dios que se dio a sí mismo por usted.

Si, por otra parte, sus acciones fueron de una entrega en la que su dignidad sufrió, recuerde que es bueno entregarse en imitación de Dios, sí; pero que aun en su entrega, Dios mantiene su dignidad y su ser. Entonces, piense: *¿cómo pude haber servido a esa persona mostrándole al mismo tiempo que soy hecho a la imagen de Dios?*

(Considere lo siguiente: A veces le prestamos un servicio mayor a una persona negándole lo que pide o lo que espera, para que pueda aprender algo que necesita saber.)

Ore:

Enséñame, Dios mío, a imitarte entregándome, pero a hacerlo de tal manera que se manifieste la imagen tuya que has puesto en mí.

Segundo día   *Lea* Efesios 5:3-5

VEA: La vida nueva se manifiesta de diversos modos, pero ninguno de ellos es más importante que la novedad de conducta. A través de toda su historia, la iglesia ha insistido en que la vida cristiana conlleve una conducta cristiana. A veces esa insistencia ha sido tal que algunos han llegado a pensar que el modo de alcanzar la vida nueva es llevar una nueva conducta. Como hemos visto en todo este estudio, esto no es cierto. No hay modo alguno de ganarse la vida nueva. La vida nueva resulta en novedad de conducta. Pero la novedad de conducta no resulta en vida nueva. La vida nueva es don de Dios. Lo primero es el don de Dios. Luego viene la vida nueva. Y como parte de esa vida nueva, viene la nueva conducta.

En estos dos versículos hay una lista de las cosas principales que hay que evitar. Esa lista incluye la fornicación, la inmundicia y la avaricia. Pero también incluye palabras deshonestas, necedades y truhanerías. No se dice que alguna de éstas sea peor que las demás, aunque el versículo 5 sí vuelve sobre las tres primeras palabras que se mencionaron: fornicación, inmundicia y avaricia. Además, dice que la avaricia es idolatría.

JUZGUE: En lo secreto de su estudio y meditación privada, mida su vida a la luz de este pasaje. Repase las cosas que se mencionan, que los cristianos deben evitar. ¿Practica usted alguna de estas cosas? Responda sinceramente en su corazón, a solas con Dios.

¿Cómo cree que esto ha afectado su vida cristiana? ¿Cómo ha afectado su participación en la comunidad de fe, en el cuerpo de Cristo?

ACTÚE: Anote sus reflexiones. (Si lo desea, anote sólo una o dos palabras que otras personas no puedan entender, pero que sean bien claras para usted.) Repita la siguiente oración, primero como está escrita (en plural y luego en forma singular):

Ore:

Gracias, Dios nuestro, por la vida nueva que nos has dado en Cristo Jesús. Gracias, porque sabemos que nada hemos hecho ni podemos hacer para merecerla. Ayúdanos, sin embargo, a comportarnos como corresponde a esa vida, como hijos e hijas de luz y no de las tinieblas. Por Jesucristo, nuestra vida y nuestra luz. Amén.

Tercer día   *Lea* Efesios 5:6-8

VEA: En el versículo 6 se destaca un tema que aparece también en los versículos 4, 12 y 19. Note que en todos estos versículos aparece el tema de las palabras y el hablar. Hay palabras deshonestas y vanas, y hasta un hablar que es vergonzoso. Pero hay también un hablar santo, que es el que se describe en el versículo 19.

Quizá alguien pueda pensar que, comparado con lo que se menciona en el resto del pasaje sobre la fornicación y la inmundicia, lo que se dice y cómo se habla es de poca importancia. Pero lo cierto es que en este pasaje se hace al menos tanto hincapié en las palabras como en la fornicación o la avaricia.

En la Biblia, la palabra y lo que se dice es importante. Recuerde que Dios creó diciendo «sea». Recuerde además que en Juan 1 se nos dice que Jesús es el Verbo de Dios. Luego, la palabra no es cosa sin importancia. Y esto, que es cierto de la Palabra de Dios, también es cierto, aunque naturalmente en menor grado, de la palabra humana.

JUZGUE: Aunque estemos acostumbrados a pensar que las palabras son sólo palabras, lo cierto es que las palabras y la conversación son parte importante de la conducta, pues no sólo manifiestan quiénes somos, sino que también moldean el carácter y los hábitos.

Quizá nos enseñaron de pequeños a no hacerles caso a las palabras de los compañeros o compañeras que nos provocaban con insultos o apodos. Hay algo de valor en tal consejo. Pero ello no ha de hacernos creer que las palabras no tienen consecuencias. Si a un niño se le dice repetidamente que es malo, que es holgazán, que no sirve para nada, lo más probable es que lo llegue a creer, y que cuando crezca resulte ser malo y holgazán. Si, por el contrario, se le muestra amor y se le expresan palabras de seguridad y de aliento, lo más probable es que su vida será mucho más positiva.

Las palabras sí tienen importancia. Repítase algo una y otra vez, aunque sea en voz baja, y usted acabará por creerlo.

Lo que esto quiere decir es que las palabras humanas, a semejanza de la Palabra de Dios, pero en mucho menor grado, tienden a crear lo que dicen. Si hablamos mal de otras personas, producimos mal. Si hablamos bien, producimos bien. Es por eso que en este pasaje se dice tanto sobre el hablar y sobre las palabras que se pronuncian.

ACTÚE: Hágase el propósito de evitar hablar mal de alguien, siempre que pueda evitarlo. Y hágase el propósito de que, al menos durante el resto del día (o todo el día de mañana, si está haciendo su estudio de noche), cada vez que se encuentre con alguna persona, tratará de decirle algo bueno y positivo. Los resultados le sorprenderán. Considere la posibilidad de hacer de esto una norma para toda su vida.

Cuarto día   *Lea* Efesios 5:9-10

VEA: Aquí se nos da una descripción del «fruto del Espíritu» que es algo diferente de la que aparece en Gálatas 5:22-23. Allí la lista es: amor, gozo, paz, paciencia, benignidad, bondad, fe, mansedumbre y templanza. Aquí la lista es más breve: bondad, justicia y verdad. El hecho mismo de que hay dos listas distintas nos indica que no hemos de tomar ninguna de las dos como una lista completa, fija e inflexible. Ambas son modos de reconocer que tenemos el Espíritu. Quien tiene el Espíritu, produce ese fruto.

Luego, esta lista de tres puntos, aunque útil, no ha de tomarse como una descripción completa del fruto del Espíritu, sino como un modo de reconocerlo.

Note además que estos tres elementos se presentan, no como una lista de tres cosas distintas, sino como un solo fruto. No es que unas veces debamos practicar la bondad, otras la justicia, y otras la verdad, sino que estas tres han de ser la base de toda nuestra vida.

JUZGUE: Esto es importante, porque a veces pensamos que una sola de estas tres es la característica esencial de la vida cristiana, y las demás no importan. Así, hay personas cristianas que son muy, pero muy buenas, dulces y bondadosas, pero cuando ven una injusticia no saben qué hacer. Hay otras que siempre están defendiendo a quienes sufren injusticia, pero que lo hacen con tal aspereza que pierden todo sentido de bondad, y a veces hasta exageran lo que dicen hasta tal punto que la verdad sufre. Y hay otras personas que están tan preocupadas por cada detalle de la doctrina cristiana, tan preocupadas por la verdad, que pierden todo sentido de justicia y de bondad. Ni lo uno ni lo otro es el verdadero fruto del Espíritu, la nueva conducta que surge de la nueva vida. El fruto del Espíritu es bondad, justicia y verdad: estas tres. Y las tres unidas de tal modo que estén siempre presentes.

En nuestra propia vida cristiana, ¿practicamos estos tres aspectos del fruto del Espíritu con igual fuerza y perseverancia? ¿Cuál de éstos necesitamos recuperar, para que los tres estén presentes en igual medida?

De igual modo, en la vida de nuestra iglesia, ¿cuál de estos tres se recalca más? ¿Cuál de ellos se olvida con mayor frecuencia? ¿Qué podemos hacer para lograr el equilibrio debido?

ACTÚE: Dibuje en su cuaderno de reflexiones un triángulo, y en cada una de las esquinas del triángulo ponga una de las siguientes palabras: **bondad, justicia, verdad.** Deténgase a pensar sobre cada una de las esquinas del triángulo. Piense cómo es posible ocuparse tanto de esa esquina que las demás queden olvidadas. (Por ejemplo, los inquisidores, que estaban tan preocupados por la verdadera doctrina que estaban dispuestos a matar a quienes no la aceptaran, quizá creían estar sirviendo la verdad; pero ciertamente lo hacían sin bondad y sin justicia.)

Ahora colóquese dentro del triángulo. ¿A qué esquina se acerca usted más? Note que mientras más se acerca a una de esas esquinas, más se aparta de las otras. Lo ideal es estar en el centro, donde practicamos las tres por igual. Medite sobre lo que debe hacer usted para acercarse más al centro. Pídale a Dios sabiduría y ayuda para hacerlo.

Quinto día   *Lea* Efesios 5:11-17

VEA: Seguimos viendo el contraste entre la vida vieja y la nueva. Ahora ese contraste se expresa mediante la imagen de la luz y las tinieblas, que se introdujo antes en el versículo 8: «Porque en otro tiempo erais tinieblas, mas ahora sois luz en el Señor; andad como hijos de luz». En las tinieblas se practica el mal. Pero cuando viene la luz, lo «manifiesta todo».

Lo que esto quiere decir es que, al llegar la luz final, el día en que Dios lo ilumine todo, todas las obras que nosotros hemos llevado a cabo, por muy escondidas que hayan estado por las tinieblas, serán manifiestas. Luego, andar en luz es andar como quienes saben que en fin de cuentas la luz triunfará, y el mal que se hace en tienieblas quedará manifiesto.

El verso 14 presenta algunos problemas, pues la impresión que da a primera vista es que se trata de una cita bíblica, pero esas palabras no se encuentran en lugar alguno en la Biblia. El texto que más se les parece se encuentra en Isaías 40:1; pero las palabras de Efesios no son cita de ese texto tampoco. Lo más probable es que Efesios esté citando, no de la Biblia, sino de algún himno cristiano antiguo—tal vez de un himno que se usaba en el bautismo.

En el versículo 15, el contraste es todavía otro: los necios y los sabios. El mismo contraste continúa como tema central en el pasaje que estudiaremos mañana, hasta el versículo 20. Los sabios aprovechan el tiempo, precisamente porque saben que las circunstancias no son buenas («los días son malos») (5:16).

JUZGUE: En Juan 3:19, Jesús dice que «la luz vino al mundo, y los hombres amaron más las tinieblas que la luz, porque sus obras eran malas».

¿Cree usted que esto se refiere sólo a quienes que no son cristianos? ¿No será que entre cristianos también nos ocultamos cosas, porque tememos que si se ponen de manifiesto se descubrirá que no somos todo lo que pretendemos ser? ¿En qué se diferencia eso de la «mentira» de que hablábamos hace unos días? ¿Cree usted que la iglesia sería más saludable como cuerpo de Cristo si, en lugar de ocultar nuestras faltas, nos las confesáramos mutuamente y nos ayudásemos mutuamente a vencerlas?

Piense ahora en toda otra clase de consideraciones: Si de veras creemos que al fin la luz se impondrá, ¿continuaremos confiando en que las tinieblas ocultarán nuestro pecado? En otras palabras, ocultarse en las tinieblas, como si ellas pudieran encubrirnos, ¿no será una falta de fe en el poder de la luz, que es el poder de Dios?

ACTÚE: Imagine lo que sería su vida si tuviera que vivirla a la luz del día; si todo lo que usted hace y piensa se supiera. Su primera reacción será de temor. Pero luego verá que tal vida sería mucho más sosegada y feliz. Entonces, ¿por qué no proponerse vivir como si todo estuviera ya manifiesto, como si una luz intensa iluminara su vida, para que todas las personas pudieran verla? Haga la prueba. La recompensa será una paz cual usted nunca antes se imaginó.

Sexto día   *Lea* Efesios 5:18-20

VEA: Los insensatos se embriagan con vino. En contraste, los sabios son llenos del Espíritu (lo cual nos recuerda el episodio de Pentecostés, cuando los que veían lo que sucedía pensaban que los discípulos estaban embriagados).

La idea de embriaguez, que posiblemente nos resulte extraña, indica algo importante: quien se embriaga no actúa ni piensa como quien no está embriagado. Esto es cierto tanto de quienes se embriagan con vino como de quienes se «embriagan» (son llenos) del Espíritu Santo. Quien se embriaga con vino, pierde el sentido de decencia común, y desciende a lo que la epístola llama «disolución». Quien se embriaga del Espíritu Santo también se aparta del modo común de pensar y de vivir. Pero en lugar de descender a la disolución, asciende a lo que se describe en los versículos 19 y 20.

Note que en estos dos versículos volvemos a la cuestión de las palabras y lo que se dice. En efecto, prácticamente todo lo que se menciona en estos dos versículos tiene que ver con hablar, cantar, alabar y dar gracias. Una vez más vemos la importancia de las palabras y de lo que se dice.

JUZGUE: Aquí se mencionan dos elementos que, por así decir, alteran la conciencia: el vino y el Espíritu Santo. En nuestra sociedad, sobre todo entre la juventud, pero también entre los adultos, parece que hay un deseo de escapar de la realidad en que vivimos. De ahí la preponderancia del uso de drogas que alteran la conciencia: no solamente las drogas que llevan ese nombre, sino también el alcohol y hasta a veces medicinas que tienen su lugar, pero de las cuales se abusa para «sentirse mejor» creando una euforia falsa.

Quizá la razón por la cual tales prácticas se han hecho tan comunes es que en verdad la realidad cotidiana de muchas personas deja mucho que desear. La vida rutinaria, los conflictos en la familia y en el trabajo, la falta de metas—todo ello lleva a algunas personas a querer escapar a otra realidad. Y lo hacen mediante el alcohol y las drogas. El problema está en que ese escape les lleva a una «realidad» que no lo es, sino que es todavía más falsa que la realidad de la que deseaban escapar. Esto es lo que la epístola llama «disolución».

Pero hay otra realidad. Ésta también se encuentra más allá de la realidad cotidiana y presente. Es la realidad del futuro que Dios nos promete, del día en que la luz vencerá por sobre todas las tinieblas. Aunque no podemos sencillamente saltar de acá hasta allá, sí podemos tener un anticipo de esa otra realidad. Podemos hacerlo mediante el Espíritu Santo, que es las «arras» o el anticipo de esa promesa.

Luego, quien está lleno del Espíritu Santo, aunque sigue viviendo en la misma realidad cotidiana de que otras personas tratan de escapar mediante las drogas o el alcohol, empieza a vivir también en la realidad que ha de venir. Ese orden venidero empieza a afectar el orden presente, de modo que empezamos a practicar ya aquí la bondad, justicia y verdad de que hablamos hace dos días.

ACTÚE: Repita la oración del segundo día de esta semana:

Gracias, Dios nuestro, por la vida nueva que nos has dado en Cristo Jesús. Gracias, porque sabemos que nada hemos hecho ni podemos hacer para merecerla. Ayúdanos, sin embargo, a comportarnos como corresponde a esa vida, como hijos e hijas de luz y no de las tinieblas. Por Jesucristo, nuestra vida y nuestra luz. Amén.

Séptimo día *Lea* Efesios 5:21-33

VEA: El pasaje que estudiamos hoy es parte de un pasaje más largo, que continúa hasta Efesios 6:9. Cuando lo miramos en su totalidad, vemos que es paralelo al pasaje de Colosenses 3:18–4:1 que estudiamos anteriormente (así como a 1 Pedro 2:17–3:7). Como vimos al estudiar Colosenses, el pasaje trata sobre tres relaciones desiguales: maridos y esposas, padres e hijos, amos y esclavos. El hecho de que estas «parejas» aparecen en estos diversos documentos les ha hecho pensar a algunos estudiosos de la Biblia que posiblemente se trata de la enseñanza común de la iglesia.

Vuelva sobre lo que hemos dicho al estudiar el pasaje de Colosenses en cuanto al enorme poder que tenían los esposos sobre sus esposas, según el sistema legal romano. A manera de resumen, vale la pena repetir que las esposas no podían tener propiedades, sino solamente los esposos. El marido tenía derecho de divorciarse con toda facilidad, pero la mujer no podía apartarse de su esposo. El abuso físico contra las mujeres por parte de sus esposos era común, y no se castigaba. En caso de divorcio, tanto los hijos como toda la propiedad le pertenecían al esposo.

El texto que estamos estudiando se utiliza frecuentemente para decirles a las mujeres que han de someterse a sus maridos, y hacer todo lo que sus esposos les manden. Se citan los versículos 22 y 23: «Las casadas estén sujetas a sus propios maridos, como al Señor; porque el marido es cabeza de la mujer». A base de estos versículos, hay hasta quien dice que el marido tiene derecho a golpear a su esposa.

Lo que se olvida aquí es que todo este pasaje es parte de una carta cuyo tema es la vida nueva. Luego, al leerlo lo que tenemos que ver es qué es lo que el pasaje estaba diciendo en su tiempo que fuera verdaderamente nuevo. El que las esposas tuvieran que sujetarse a los esposos (así como los hijos a los padres, y los esclavos a los amos) no tenía nada de nuevo. Eso era lo que todos hacían, o al menos se suponía que hicieran. Todo eso era parte de «la corriente del mundo».

Lo que el texto dice de nuevo es, primero y sobre todo, que eso de someterse unos a otros se aplica a todos por igual. El versículo 21, que sirve de introducción a todo el pasaje, es el elemento radicalmente nuevo: *todos* han de someterse unos a otros. Y lo mismo puede decirse de los otros versículos en los que se les dice a los poderosos, a los que están acostumbrados a mandar y a que los demás se les sometan, que ellos también han de someterse.

En el versículo 25, se les dice a los maridos que amen a sus esposas como Cristo amó a la iglesia y se entregó a sí mismo por ella. Esto es lo radicalmente nuevo en este pasaje: decirles a los maridos del Imperio Romano en el siglo I, que estaban acostumbrados a hacer lo que les pareciera, y hasta a abusar de sus esposas, que tenían que amarlas y hasta entregar sus vidas por ellas.

Note además que la metáfora central de todo el resto del pasaje es que la iglesia es la esposa de Cristo. Esto no quiere decir solamente que Cristo ama a la iglesia. Quiere decir también que a aquellos maridos arrogantes que primero escucharon esta carta, acostumbrados a pensar que, por el solo hecho de ser varones, tenían el derecho de abusar de sus esposas, la carta les está diciendo que no son solamente maridos, sino que también, como cristianos y como parte de la iglesia ¡ellos tienen esposo! Su esposo, el esposo de toda la iglesia, tanto varones como mujeres, es Cristo.

Luego este texto, que tanto se ha utilizado para decirles a las mujeres que se sometan a sus esposos, y hasta para justificar el abuso físico y sicológico en el matrimonio, en realidad se opone a tales prácticas, diciéndoles a los esposos que ellos también han de someterse a sus esposas; y que tanto ellos como ellas tienen que imitar y que someterse a Cristo.

En este texto lo radicalmente nuevo es que la epístola les manda, no solamente a los que tradicionalmente carecen de poder (las esposas y los hijos), sino también a los tradicionalmente poderosos (los esposos y los padres) que se sometan. Todos han de someterse los unos a los otros en amor. Resulta claro que lo que el texto dice de nuevo es que aquéllos a quienes la sociedad concede poder de oprimir a los demás no han de oprimir, sino que han de sujetarse ellos también a los demás.

JUZGUE: Hay quien piensa que, porque Pablo dijo que las «casadas estén sujetas», esto quiere decir que Dios les manda a las esposas que toleren todo lo que sus esposos hagan o digan, y que los esposos tienen derecho a hacer o decir lo que les parezca. Lo que es más, es probable que usted haya escuchado la expresión «le leyeron a San Pablo», que hace algún tiempo era un modo común de referirse a la celebración del matrimonio en algunos países de habla hispana. La frase viene de la costumbre de leer este pasaje en las bodas, y entonces explicarle a la mujer que tenía que someterse a su marido. Pero ese modo de entender la epístola no es novedad de vida, sino que es la misma vida vieja de «la corriente del mundo». La novedad de vida que aquí se propone, la nueva relación creada en virtud del amor de Dios, está en el versículo 21: «Someteos los unos a los otros». Y está también en el reconocimiento de que tanto hombres como mujeres forman parte de la misma iglesia, el cuerpo de Cristo y la esposa de Cristo.

¿Por qué será entonces que con tanta frecuencia oímos citar el versículo 22, pero no el 21? ¿No será que muchas veces, a pesar de todo lo que decimos con respecto a la vida nueva, estamos tan arraigados a la vida vieja, y a las costumbres y tradiciones que son parte de nuestra sociedad y nuestra cultura, que no estamos dispuestos a oír la Palabra radicalmente nueva del Señor?

ACTÚE: Si usted es casado, pídale a su cónyuge que estudie este pasaje con usted. En ese estudio, asegúrese de que se subraye sobre todo el versículo 21. Discutan lo que quiere decir eso de someterse mutuamente unos a otros. Si sus relaciones con su cónyuge han sido desiguales, dé los pasos necesarios para corregir esa situación.

Sea casado o no, hay en derredor suyo muchas mujeres que sufren abuso físico o mental por parte de sus esposos. Esto sucede hasta dentro de la iglesia, donde algunos pretenden justificarlo a base de una interpretación incorrecta de este pasaje. Si su iglesia no está siguiendo estos estudios, pídale a su pastor o pastora que lea estos materiales, y que conduzca un estudio en la iglesia sobre el abuso en el matrimonio, y sobre sus raíces en interpretaciones erróneas de la Biblia.

PARA EL ESTUDIO EN GRUPO: Si no lo hizo al estudiar el pasaje paralelo en Colosenses (o si lo hizo y cree que vale la pena repetir el ejercicio), explique que, aunque hoy estudiamos principalmente las relaciones entre esposos y esposas, el pasaje continúa hablando de otras relaciones desiguales: padres e hijos, amos y esclavos.

Divida el grupo de dos en dos. En cada pareja, escoja una persona, y dígale que se haga la idea de que es esposo, padre y amo. Dígale entonces a la otra persona que se imagine que es esposa, hijo y esclavo o siervo. (Trate de que no todos los varones sean esposos, ni todas las mujeres esposas.)

Cuando todos comprendan su papel, explique las costumbres y leyes de esa época con respecto a cada una de estas relaciones. (Vea al respecto lo que hemos dicho más arriba, y también con relación al pasaje paralelo en Colosenses.) Subraye la desigualdad, la falta de derecho por parte de las esposas, los hijos y siervos o esclavos.

Explique que en la iglesia primitiva, al leer una carta como ésta, estarían todos presentes, y que por tanto, como sucederá ahora en nuestro ejercicio, las esposas escuchaban lo que se les decía a los esposos y los esclavos oían lo que se les decía a los amos.

Lea entonces el pasaje despacio. Incluya todo el pasaje, hasta 6:9. Recuérdeles a todos que deben seguir imaginando sus papeles respectivos. Cuando el texto dice «casadas», las «esposas» deben pensar que se dirige directamente a ellas, y que sus «esposos» sencillamente están escuchando. Cuando dice «maridos», los «esposos» deben pensar que se dirige a ellos, y que sus esposas están escuchando. Lo mismo con respecto a padres e hijos y amos y siervos.

Al terminar la lectura, pregúnteles a las esposas, los hijos y los esclavos, qué fue lo que más les impresionó. Haga lo mismo con los esposos, los padres y los amos.

Lo más probable es que lo que todos habrán notado no es lo que ya esperaban de todos modos (por ejemplo, que las casadas han de estar sujetas), sino lo nuevo (por ejemplo, que los amos han de «hacer lo mismo» con sus siervos).

No deje de llevar la discusión al tema del abuso dentro del matrimonio, y de lo que podemos hacer para evitarlo.

Un legionario romano con toda su armadura
(del Museo de Saint-Germain)

Décimotercera semana

Primer día _Lea_ Efesios 6:1-4

VEA: Este pasaje es continuación del que estudiamos ayer. Como vimos entonces, hay otros textos paralelos en Colosenses y en 1 Pedro. A estos textos se les llama la «legislación familiar». Pero, como empezamos a ver ayer y como vimos también al estudiar Colosenses, para entender lo que estos textos significan, tenemos que entender el contexto social en el cual fueron escritos, y lo que significaban para los primeros cristianos.

Al llegar a estos versículos sobre padres e hijos, es necesario recalcar en primer lugar que esto se refiere a los padres varones. En español, cuando hablo de «mis padres», quiero decir tanto mi padre como mi madre. Lo mismo es cierto normalmente en griego, el idioma en que esta epístola fue escrita. Pero en este caso el pasaje se refiere únicamente a los padres, y no a las madres.

La razón de esto es que los padres tenían toda una serie de derechos y privilegios que las madres no tenían. Recuerde lo que vimos ayer sobre las esposas y su falta casi total de derechos. Puesto que esas esposas eran también las madres, no ha de sorprendernos el que tuvieran pocos derechos como madres, y poca autoridad para determinar cómo se criaban los hijos.

Como ejemplo de la autoridad absoluta del padre, vale citar la siguiente costumbre romana: Cuando nacía un niño o niña, lo colocaban en el suelo hasta que el padre entrara al cuarto. Si el padre lo recogía, se consideraba que había aceptado al recién nacido, y que iba a criarlo. Pero si no lo recogía, era como si no hubiera nacido. Lo que se hacía entonces era abandonar la criatura a la intemperie, para que muriera o que alguien la recogiera para someterla a la esclavitud.

Esa costumbre es indicio de los derechos ilimitados de los padres sobre los hijos. Y lo que es más, como señalamos al estudiar el pasaje paralelo en Colosenses, esa autoridad no disminuía cuando el hijo alcanzaba la mayoría de edad, sino que continuaba mientras ambos vivieran.

Si ahora leemos el texto teniendo esto en cuenta, vemos que en este caso también, como en el de los esposos y esposas, lo que se dice sobre la necesidad de que los hijos obedezcan a los padres no tiene nada de nuevo. Lo nuevo y hasta revolucionario es que los padres no tienen absoluta libertad de criar a sus hijos como les parezca, sino que han de limitar sus derechos de tal modo que no provoquen a sus hijos a ira, sino que les críen preparándoles para ser discípulos del Señor.

En este caso, como en el del texto que estudiamos ayer, un texto que muchos piensan es harto conservador, resulta ser revolucionario, confrontando y oponiéndose a prácticas y tradiciones sancionadas tanto por la costumbre como por la ley.

JUZGUE: El propósito de la epístola cuando fue escrita era limitar el poder de los padres, que de otro modo podían abusar de sus hijos y hasta oprimirles. En muchos lugares hoy sucede lo mismo. Hay quien sostiene, a base de este texto y otros parecidos, que la autoridad de un padre sobre un hijo es absoluta, y que por tanto un padre puede castigar a su hijo como le parezca, sin que nadie tenga derecho a intervenir. El resultado es que todos los días mueren niños golpeados por sus padres.

◆ ¿Qué cree usted que la iglesia debe decir al respecto? ¿Qué les dice el texto a los padres que tiendan a abusar de sus hijos? ¿Qué les dice a los hijos que tiendan a desobedecer a sus padres por el solo gusto de hacerlo?

◆ Si Pablo les escribiera a una familia de hoy, ¿qué cree usted que les diría sobre estos asuntos?

ACTÚE: Si es usted padre, piense en el modo en que está criando a sus hijos. Recuerde sobre todo que usted también tiene un Padre: Dios. Si es hijo, piense en lo que dice el texto sobre honrar a padre y madre. ¿Qué puede hacer usted ahora mismo para honrar a sus padres, si todavía viven? ¿Qué puede hacer para honrarles, si ya murieron? Anote sus pensamientos, y decida llevarlos a la acción.

Segundo día   *Lea* Efesios 6:5-9

VEA: La palabra que esta versión de la Biblia traduce por «siervos» también quiere decir «esclavos». De hecho, es probable que una de las razones por las que la mayoría de las versiones modernas dice «siervos» es que ya hoy no hay esclavos, pero sí hay sirvientes. Pero no debemos pensar que el pasaje se refiere a sirvientes como los empleados y empleadas del servicio doméstico de hoy. Los siervos o esclavos de la antigüedad no eran empleados, como lo son hoy. Eran propiedad, como los esclavos. Luego, el texto da por sentada la esclavitud, y es a ella que se refiere.

Vuelva a leer el texto cambiando la palabra «siervos» por «esclavos», pues es de eso que trata el pasaje.

Note que, como en los casos de las otras dos «parejas» (esposos/esposas; padres/hijos), lo que el pasaje les aconseja a los esclavos no tiene nada de nuevo. Eso era lo que se esperaba de ellos, y lo que tenían que hacer si no querían sufrir terribles consecuencias. Pero lo que el texto dice sobre los amos sí es nuevo. Han de tratar a los esclavos del mismo modo que los esclavos han de tratarles a ellos («amos, haced con ellos lo mismo»). Pero sobre todo han de recordar que ellos también tienen un amo: «sabiendo que el Señor de ellos y de ustedes está en los cielos». Luego, de igual modo que en el capítulo 5 se les dice a los esposos que ellos también, como parte de la esposa de Cristo, tienen esposo, ahora se les dice a los amos que ellos también tienen amo.

JUZGUE: ¿Cree usted que, porque la Epístola a los Efesios incluye estas palabras, los cristianos han de defender la esclavitud? Ciertamente no. ¿Cómo es entonces que hay quien defiende el abuso de los esposos contra las esposas, y hasta de los padres contra los hijos, en base a los pasajes que anteceden? Si de algún modo decimos que el pasaje sobre los esclavos ha de entenderse dentro de su contexto, y no quiere decir que hoy debemos tener esclavos, ¿no tenemos que decir algo parecido sobre los versículos anteriores, cuando hablan sobre la sujeción de la mujer y de los hijos?

¿Por qué cree usted que las mismas personas que dicen que ya no hay que tener esclavos y amos, insisten en que las esposas se sometan a sus esposos, y a veces hasta que soporten el abuso físico y sicológico?

ACTÚE: Asegúrese de que entiende bien lo que acabamos de decir. Piense entonces en alguna persona que usted conozca que crea que la Biblia defiende el maltrato de las esposas e hijos. Hágase el propósito de hablar con esa persona y ayudarle a leer estos pasajes de un modo distinto.

Tercer día *Lea* Efesios 6:10

VEA: La frase «por lo demás» indica que la epístola se acerca a su fin. Tras la parte doctrinal y de inspiración en los primeros capítulos, y los consejos más prácticos que acabamos de estudiar, viene una exhortación final. Ésta será de carácter más general, pero será de valor para hacer todo lo que el resto de la epístola recomienda.

Esa exhortación comienza con el versículo 10, que es un llamado a la fortaleza. Note que en estas dos líneas aparecen tres palabras que indican firmeza: «fortaleceos», «poder» y «fuerza».

Mañana veremos por qué es tan importante fortalecerse. Pasado mañana veremos cómo se hace esto, siguiendo la metáfora de la «armadura de Dios». Hoy nos detenemos a pensar en esto de «fortalecernos».

JUZGUE: Si éste es el primer libro de esta serie que usted utiliza, lleva ya casi tres meses (poco más de doce semanas) en una disciplina de estudio, reflexión y acción. Si antes usó otro libro de la misma serie, lleva más tiempo todavía. Al repasar lo que hemos aprendido, vemos que como creyentes nos fortalecemos al menos de los siguientes dos modos:

El primero es el estudio y la disciplina. Al principio de este estudio le recomendamos que, de ser posible, apartara un lugar y hora para el mismo. Si así lo hizo, entenderá lo que queremos decir al hablar del valor de la disciplina. Usted se estableció una disciplina. Quizá no siempre pudo cumplirla, pues la vida no se ajusta estrictamente a los horarios y planes que hacemos. Pero con todo y eso, esa disciplina le ha ayudado a continuar el estudio. Posiblemente también le ha ayudado a traer mayor disciplina al resto de su vida, pues esto es lo que sucede con la disciplina devocional: según nos vamos adentrando en ella, más se va expandiendo al resto de nuestras vidas.

El segundo modo en que nos fortalecemos en la vida cristiana es la ayuda y el apoyo de otras personas. Por eso es que recomendamos que de ser posible estos estudios se hagan en grupo una vez por semana, y que durante los otros seis días todos los participantes estudien los mismos pasajes. Pero aun aparte de eso, la vida cristiana nunca es vida solitaria. Siempre es vida que se nutre de la comunidad de fe. Eso también lo hemos visto a lo largo de estos estudios.

VEA: Repase las notas que ha hecho en su cuaderno de reflexiones durante las doce semanas pasadas. ¿Hasta qué punto ha cumplido con su disciplina? ¿Cuáles de sus resoluciones cumplió, y cuáles no? ¿Tiene alguna idea de por qué las cumplió o por qué no las cumplió? Anote sus conclusiones. Empiece a pensar en el modo en que va a continuar esta disciplina de estudios al terminar estos TRES MESES EN LA ESCUELA DE LA PRISIÓN.

Cuarto día   *Lea* Efesios 6:11-12

VEA: Según el texto bíblico, la oposición a la vida cristiana no viene solamente de algunas personas que se declaren enemigas del evangelio (lo que el texto llama «carne» y «sangre»; es decir, personas de carne y hueso). La lucha es más bien «contra principados, contra potestades, contra los gobernadores de las tinieblas de este siglo, contra huestes espirituales de maldad». Está claro que la oposición no es solamente humana, sino también demoníaca. También está claro que esos poderes malignos no son sencillamente unos diablillos volando aislados y tentándonos al mal, como los pintan en algunas tirillas cómicas. Esos poderes son los «gobernadores de las tinieblas de este siglo».

Lo que esto quiere decir es que son poderes organizados, y poderes que se manifiestan en los poderes de este siglo. El mal está organizado, y toma por aliados a gobernantes, instituciones, y otras realidades humanas. El propio Pablo tenía que luchar, no solamente contra algún judío que le persiguiera, ni contra algún demonio aislado que le tentara, sino contra toda la estructura de poder de los jefes judíos—y, hacia el final de su vida, contra el Imperio Romano mismo, que por fin le hizo matar.

JUZGUE: Es por eso que hace falta una fortaleza especial. De igual modo que la nueva vida no viene de nosotros, sino de Dios, las fuerzas para vivir esa vida no vienen de nosotros, sino de Dios. Al repasar las resoluciones que ha hecho durante este trimestre, ¿ha encontrado usted algunas que no pudo cumplir? ¿No se deberá esto en parte a que se imaginó que podía hacerlo por sus propias fuerzas, y luego descubrió que tales fuerzas no eran suficientes?

Si la lucha no es contra carne ni sangre, sino contra principados y potestades, tenemos que armarnos de todos los recursos posibles. Es sobre eso que volveremos mañana, al estudiar los diversos elementos de la «armadura de Dios». Pero, por lo pronto, ¿no será esta disciplina de estudio, reflexión y oración a que usted se ha sometido una parte valiosa del armamento que Dios le da para poder «estar firme contra las asechanzas del diablo»?

ACTÚE: *Ore:*

Gracias, Dios nuestro, porque sabemos que cuando nuestros recursos y fuerzas no bastan para la lucha, tú nos prestas tus fuerzas y tus recursos. Enséñame a confiar en tus fuerzas más que en las mías, y ayúdame a estar firme contra las asechanzas de los poderes que tratan de apartarme de ti y de tu voluntad. Amén.

Quinto día   *Lea* Efesios 6:13-17

VEA: La imagen que se utiliza en este pasaje es la de un soldado. Más específicamente, es la imagen de un legionario romano listo para la batalla. Es a esto que se refiere la frase «toda la armadura» que aparece en el versículo 13 (y antes en el 11).

La frase «habiendo acabado todo» puede interpretarse de varios modos. Probablemente no quiera decir, «después que todo pase» en el sentido del fin del mundo, sino «después de haber acabado todos los preparativos». Por eso, se nos dice que, «habiendo acabado todo», debemos estar firmes. Hemos completado los preparativos para la lucha. Lo que nos resta ahora es estar firmes en la batalla.

El estar ceñidos con la verdad nos recuerda al legionario romano que se ceñía un cinturón de cuero. La «coraza de justicia» puede ser una referencia a Isaías 59:17.

El calzado ligero del legionario romano le permitía moverse rápidamente. El evangelio es noticia, y por tanto requiere quien la lleve. El calzado ligero es señal de quien anda ligero, anunciando las nuevas. (Recuérdese Romanos 10:15.)

El escudo de la fe es una referencia al escudo especial que usaban los soldados romanos para defenderse de los ataques de arqueros. Era un escudo de madera recubierto de cuero, de más de cuatro pies de alto y tres de ancho. Cuando los arqueros atacaban, todos los legionarios romanos levantaban sus escudos, tocándose unos con otros, de modo que formaban como un techo y paredes protectoras. Los enemigos lanzaban flechas con recina ardiendo; pero esas flechas no podían penetrar el carapacho con que los legionarios se cubrían al levantar sus grandes escudos.

El yelmo cubría la cabeza, y protegía contra los golpes más peligrosos. Contra esos golpes, la principal defensa del soldado cristiano es recordar su propia salvación. Por eso se habla aquí del «yelmo de salvación».

Hasta aquí, todas las armas que se mencionan son defensivas. Es decir, son instrumentos que el soldado usa para protegerse del enemigo. Pero ahora se menciona la «espada del Espíritu». La espada es un arma tanto defensiva como ofensiva. El soldado la utiliza para protegerse de la espada del enemigo, pero también para atacar. Luego, la batalla a que se refiere el texto no es únicamente defensiva. No es sólo cuestión de estar firmes ante el enemigo que nos ataca, sino que es cuestión también de atacarle.

JUZGUE: Este pasaje, que en otro tiempo fue muy popular, en tiempos más recientes ha sido criticado por quienes piensan que su tono militarista no es bueno. Es cierto que el militarismo, la idea de que todo se puede resolver por fuerza de armas, no es bueno. El militarismo consume cada día muchísimos recursos que podrían emplearse para alimentar y cubrir a los millones que viven y mueren hambrientos y desnudos.

Pero el pasaje no defiende el militarismo. Lo que dice es que la lucha cristiana es tan peligrosa y seria como la de cualquier soldado. Y esto sí es cierto e importante. Hay quien, por no parecer militarista, se niega a reconocer que la lucha es seria, y que la oposición es violenta. Tales personas son los cristianos cómodos, de los cuales hay tantos hoy, que piensan que ser cristiano no es sino ser persona decente, cumplir con sus obligaciones y ganarse el respeto de los demás. Pero, si es cierto que el ser creyente es tener una nueva vida, y morir a la antigua, entonces también hemos de esperar que «la corriente del mundo» se nos oponga. Y en tal caso, más vale que nos vistamos, como dice nuestro texto, de «toda la armadura de Dios».

Imagínese miles de soldados marchando contra el enemigo. De repente éste lanza millares de flechas, algunas de ellas ardiendo. En seguida los legionarios levantan los escudos. Son unos escudos grandes y rectangulares, de cuatro pies de alto y tres de ancho. Los que van al frente y los costados los levantan verticalmente, de tal modo que los escudos se sobreponen unos a otros, como las tejas de un techo. Los que van al centro hacen lo mismo, excepto que levantan sus escudos horizontalmente sobre sus cabezas. Toda la legión parece una gran tortuga cubierta por un carapacho impenetrable.

Esa táctica funciona si cada uno hace su parte, y todos colaboran entre sí. Pero si cada uno sale corriendo en una dirección distinta, si unos atacan, otros retroceden, y otros vacilan, todos quedarán desprotegidos ante las flechas del enemigo.

Lo mismo sucede en la vida cristiana. El enemigo nos está lanzando lo que la epístola llama sus «dardos de fuego». Éstos vienen desde todas las direcciones, y a menudo más de uno a la vez. Ante tal ataque, no tenemos defensa posible. Si nos protegemos por un lado, el enemigo nos ataca por otro. Pero si, en lugar de querer marchar a la batalla aisladamente, nos protegemos unos a otros, los dardos del enemigo no tendrán por donde entrar.

Veamos algunos ejemplos. Un hermano se encuentra deprimido, y su fe vacila. Si está solo, sucumbirá. Pero si tiene a su alrededor otros que le animen y sostengan, podrá salir triunfante. Una hermana se encuentra tentada por un trabajo que paga bien, pero que le requerirá hacer algunas cosas deshonestas. Si tiene otros con quienes compartir sus sentimientos, lo más probable es que podrá resistir a la tentación. ¿Podemos pensar en otros ejemplos, quizá de nuestra propia experiencia?

ACTÚE: En su cuaderno de reflexiones, haga una lista de las personas que le apoyan y sostienen en su fe y en sus momentos difíciles. Reflexione en algunos de esos momentos, y cómo esas personas le han ayudado, como legionarios sosteniendo escudos en torno suyo. Hágase el propósito de mostrarles su gratitud, y de ofrecerles usted su apoyo cuando lo necesiten. Termine su sesión de estudio orando por esas personas.

Sexto día *Lea* Efesios 6:18-20

VEA: Ayer vimos toda una serie de armas que podemos emplear en nuestra lucha contra los poderes del mal. Pero el texto de hoy nos dice algo más que no debemos olvidar: el modo más eficaz en que los cristianos nos protegemos mutuamente es la oración. Nótese que en los versículos 19 y 20 se habla de la oración intercesora; es decir, de la oración por los demás. En el versículo 18, es la oración «por todos los santos». En el versículo 20, es por Pablo. El orar los unos por los otros es como levantar los escudos y cubrirnos todos con un techo protector.

Hace varias semanas, vimos que uno de los elementos fundamentales de la nueva vida es la nueva comunidad. La nueva vida no es vida aislada, sino vida en comunidad. La iglesia es parte de las buenas nuevas. Es en ella que hay fuerzas y sostén para vivir las buenas nuevas. De igual modo, la lucha cristiana «contra principados y potestades» no es lucha aislada, sino en comunidad. Y un modo en que la iglesia continúa unida, aun cuando sus miembros estén lejos entre sí, es la oración intercesora.

Note, por otra parte, que lo que Pablo pide no es que oremos para que nos sea restaurada la libertad, sino que oremos para que él pueda hablar «con denuedo» acerca del evangelio. El hablar «con denuedo» es tema que aparece también en Hechos 4:13, 29 y 31. Allí, les crea problemas a los apóstoles. Aquí en Efesios, si Pablo habla «con denuedo», probablemente ello no le ganará la buena voluntad de las autoridades. Pero así y todo, eso es lo que Pablo pide. Es eso lo que desea que sus lectores pidan.

JUZGUE: ¿Tiene usted la costumbre de orar por otros miembros de su iglesia? Si están haciendo este estudio en grupo, ¿se han hecho el propósito de sostenerse mutuamente en oración, cuando no están reunidos? ¿Lo han cumplido?

¿Cree usted que la iglesia sería distinta si sus miembros en verdad oraran unos por otros? ¿si cada persona orara cada día por todas las demás?

ACTÚE: *Ore* usando la siguiente oración como guía. Note que está en plural, porque aunque usted esté solo, está orando en nombre de toda la iglesia:

Gracias, Señor, porque aunque la batalla es ruda, tú nos das fuerzas siempre nuevas. Gracias por la armadura de que nos vistes. Gracias sobre todo por el escudo de la fe, que nos protege de los dardos de fuego del maligno. Danos fuerzas y sabiduría para usarlo, no solamente para nuestra defensa, sino también para la defensa de los demás. Por Jesucristo, nuestro Señor. Amén.

Séptimo día *Lea* Efesios 6:21-24

VEA: Tíquico es el portador de esta carta, como lo fue también (junto a Onésimo) de las epístolas a los Colosenses y a Filemón. (Sobre la importancia de Tíquico, vea lo que dijimos más arriba, en la séptima semana, tercer día.) Pablo lo envía con la carta precisamente para que les dé a sus lectores noticias directas y personales de la vida y situación de Pablo y sus acompañantes. Lo que es más, se podría decir que esta carta, relativamente larga, tiene por propósito principal servir de presentación a Tíquico. En esa época se usaba mucho esto de darle a una persona una larga carta que le servía al portador de presentación ante el destinatario. Hoy somos más escuetos, y a veces lo que hacemos es escribir una brevísima nota en una tarjeta de presentación.

La primera vez que leemos estos últimos versículos de la carta, nos parece que no tienen mayor importancia. Se trata de unos saludos sin consecuencia. ¡Pero no! Si recordamos cuánto insiste la carta en la necesidad de la unidad y del amor mutuo, y de cómo debemos orar unos por otros, vemos que estos últimos versículos son de una sola pieza con el resto de la carta, y que lo que hacen es en cierto modo poner por obra lo que la carta dice sobre la unidad y la comunidad.

Tíquico ha de llevar noticias de Pablo y sus acompañantes, porque ellos son parte de la iglesia, al igual que los destinatarios, y es necesario que estén en contacto mutuo para ser una verdadera comunidad. La distancia podría quebrantar la unidad de la iglesia; pero no lo hará mientras Pablo se ocupe de que todos estén enterados de la situación del resto de la iglesia, y de ese modo continúen orando unos por otros.

JUZGUE: ¿Qué tan grande es su iglesia? Muchas personas, cuando se les hace esa pregunta, piensan en su iglesia local, en su congregación, y contestan, por ejemplo, «Mi iglesia es bien pequeña, pues tiene sólo cuarenta miembros». O si no, «Mi iglesia es bien grande, pues tenemos más de mil miembros».

Es bueno que al pensar en la iglesia pensemos ante todo en la comunidad con la que nos congregamos para adorar, pues la iglesia es siempre una realidad concreta. La iglesia son precisamente esas personas que junto a nosotros adoran semana tras semana.

Pero la iglesia es mucho más que eso. Por esa razón la pregunta «¿qué tan grande es su iglesia?» es mucho más importante de lo que parece. Lo que le estamos preguntando al hacerla no es solamente cuántos miembros hay en su congregación local, sino hasta dónde llega su visión de la iglesia.

Pablo, preso en Roma, está pensando en la iglesia en Colosas, y en Filipenses, y en varios otros lugares. ¿En qué y quiénes pensamos nosotros cuando tratamos de visualizar la iglesia?

Digámoslo de otro modo: ¿Incluye su iglesia otras congregaciones de su misma denominación en la misma ciudad o región? ¿Incluye iglesias de otras denominaciones? Cuando usted piensa en la iglesia, y cuando ora por «toda la iglesia», ¿está recordando la iglesia en China, en Etiopía y en Chipre? Cuando usted ora por los hermanos en la fe que pasan por tiempos difíciles, ¿ora por la iglesia en el Sudán, en Corea del Norte y en El Salvador?

Cuando usted se imagina la multitud adorando ante el trono y el Cordero en el día final, ¿ve allí a San Agustín, a Lutero, a Santa Teresa? ¿Ve a personas con quienes no está de acuerdo en materia de doctrina, pero que también se llaman cristianas e invocan a Cristo como su Salvador y Señor? ¿Ve protestantes, católicorromanos, ortodoxos griegos, y otros?

Eso es lo que queremos decir al preguntar, «¿qué tan grande es su iglesia?»

ACTÚE: Pablo envía y pide noticias de las iglesias en otras partes del mundo. Haga usted lo mismo. Hágase el propósito de aprender cómo viven, cómo adoran y a qué retos se enfrentan sus hermanos y hermanas en la fe en otras partes del mundo. Piense de nuevo en el ejemplo de los soldados—todos levantando sus escudos para protegerse mutuamente. Si los creyentes de todos los países y de todas las denominaciones no se entienden entre sí, si se desconocen mutuamente, no podrán ayudarse entre sí, como esos soldados del ejemplo.

Busque un buen libro que describa la vida de los creyentes en otros lugares o en otros tiempos. Léalo como quien lee la historia de familiares con quienes había perdido contacto. Pídale a su pastor o pastora que le ayude a entender el cristianismo mundial en sus diversas manifestaciones.

Entérese de la fe y la vida de esas personas, al parecer tan lejanas, pero tan cercanas en Cristo. Ore por ellas, pues eso es lo que se nos muestra y se nos encomienda en los últimos versículos de Efesios.

PARA EL ESTUDIO EN GRUPO: Termine la sesión repitiendo lo más importante que hemos aprendido todo este trimestre: la vida cristiana es vida de gozo aun en medio de la tribulación (según vimos en Filipenses). Es vida nueva, tan radicalmente nueva que se puede decir que hemos muerto a la vida vieja (según vimos en Colosenses y ahora en Efesios). Pero no es vida fácil. Es vida de lucha contra el poder de lo viejo, de la muerte, del maligno.

En esa vida, tenemos como recurso supremo la fortaleza que Dios nos da. Pero Dios nos da también medios de defensa, y el más importante entre esos medios de defensa es la comunidad de los fieles. Por eso, nos corresponde a todos defendernos unos a otros, y elevar nuestras oraciones los unos por los otros—como los antiguos legionarios romanos levantaban sus escudos.

Ahora que termina el trimestre, pregúntele al grupo:

▶ ¿Estamos dispuestos a comprometernos ante Dios, y ante la clase, a ayudarnos y sostenernos unos a otros?

Reserve los últimos cinco o diez minutos de la sesión para discutir qué quieren estudiar ahora que, por así decir, se han graduado del estudio En La Escuela De La Prisión.

Por último, pídale al grupo que en sus oraciones se acuerden de este hermano que ha escrito estas líneas, y que estará orando por ustedes. ¡Dios les bendiga y les guarde!